いのちが悦ぶ生活

谷口清超

日本教文社

はしがき

わが家には、沢山の樹木があり、庭には草もボーボーと生えている。だから蚊も一杯住んでいて、夏になると部屋の中にまで入って来て、大喜びで人を刺すのである。どうしてか分からないが、トイレの中にまで住んでしまい、喜んで刺しに来る。ピシャッと叩くと、大抵逃げられて、自分で自分の腕や顔をヒッパタクことになる。

その点蟬などは、人の血を吸わないで、樹木の汁を吸っているから、可愛らしいものだ。蚊も庭にいて、草の青汁でも吸っていると「いい子だネ」と思うのだが、メスの蚊は人や動物の血が好きらしい。青汁でも血でも生きられるのに、欲望にかられて、栄養価の高い食料にとびつくらしいのである。

人間も蚊と同じように、肉食を好むようになり、野菜や果物を食べない若者がふえて来たようだ。そのせいか日本人の体格も年々大きくなって、私のセイよりも高い男女が大股で、いつも私を追い抜いて歩いて行く。

家内がよく言うのだが、私と一緒に人ごみなどに行くと、昔は私が皆さんよりも高くて目立ったが、今はもう目立たなくて低くなったという。これは〝相対性原理〟であって、年を取って背が縮むのはわずかだろう。

しかし人間は肉体ではなく、肉体の主人公である「魂」だ。そして肉体は「魂」の使う道具である。だから大きくても小さくても、人間の値打ちには変わりがない。人が大型の車に乗っていようが、小型の車に乗ろうが、その人の値打ちに変わりがないようなものである。

しかも肉体には「食欲」「睡眠欲」「性欲」などの欲望があって、その欲望に引きずられて暮らしていると、「いのち」はあまり悦ばない。何故かというと、自動車の手入ればかりに熱中して、本職の方をスッポカしている人のように、「神の子・人間」の魂の方が満足しないからだ。「神の子」なる人間は、神様のみこころを行いたいのである。

神様のみこころとは、智慧とか愛とかという高級ないのちの声だ。それに対して欲望の方は、自分勝手な欲求であり、悪ではないが善でもない。肉体存続のためのオートメーションの装置である。これが無いと肉体の存続が出来なくなるが、その欲望が主人公のようにのさばり出すと、「人生の目的」が果たせなくなる。例えば馬に乗った人が、馬が道草ばかり食っているので、目的地に行けなくなってしまうようなものだ。

だからどうしても「いのちが悦ぶ生活」のためには、「人間・神の子」「神の子・人間」の自覚を確保することが必要だ。しかし人間の中には「神・仏」を否定する人たちもいる。「神の子」なんかじゃないとか。まあキリスト一人で沢山だ――などと言う人もいる。仏様だって沢山はいらない。お釈迦さんや大仏さんだけでもいいじゃないかと言ったりする。一方人が死んだらみな仏様として拝む人もいる。それなら人はみな死ねば仏様になるのか？　そんなら皆殺しにして、全員を仏様にしてしまえ――という理屈も成り立つだろう。こういう人は原水爆大賛成ということになるが、果たしてどんなものだろうか。

肉体のアル、ナシに関係なく、人間は昔も今もすでに「神の子」であり「仏様」なのだという真理が判ると、「神は戦いも、死も、病気も、貧乏も造り給わない」という正当な理論が出てくるはずである。

本書ではこんな内容のことが、色々な方向から詳しく述べてあるから、どうかお仕舞まで読んで頂くと大変ありがたい。国のことや戦争のこと、捕虜の話なども書いてある。

今回も日本教文社の編集部の方々には大変お世話になった。心から感謝申し上げる次第である。

平成十五年十月二十日

谷口清超しるす

いのちが悦ぶ生活　目次

一　人生の主人公

1　無限力を出す人たち

証明が難しい

人は時によると、解答のできない質問を受けることがある。そのような時には、黙っているよりは、分かる所だけを話して、分からない所は「分かりません」と正直に言う外《ほか》はない。ウソを言ったり、胡麻かしたりするのが一番よろしくない。事業の経営者でも、政治家であっても、宗教家でも教職者でも、これは同じであって、〝正直〟が何よりも〝善〟である。

そのような時、どこからか〝救い〟が現れてきて、解らない所を補足してくれることもあるから、大いにその〝救い〟に感謝することも肝要である。平成十二年七月五日の『毎日新聞』に、大阪府枚方《ひらかた》市の岩佐清子さんからの、次のような投書がのっていた。

『警察の不祥事が世間をにぎわしている。私は20年ほど前、息子が中学生だった時の出来事を思い出した。

息子が泣きべそをかいて帰ってきた。お巡りさんに呼び止められ、乗っている自転車が自分のものだと証明をしろと言われたという。自転車は何年も乗り、住所や名前が判読できないようになっていた。

それを聞いた夫は、血相を変え、息子に交番へついて来るように言い、2人で慌ただしく家を出た。

しばらくして、2人機嫌よく帰ってきた。「自分の自転車だと、子供がどうやって証明するんですか。私は貧乏で育ちましたが、社会で生きていくルールというものは、口ではなく、背中で子供に教えているつもりです。警察が、未来ある子供を警察不信に陥らせて、いい社会になるはずがない」と、夫は言いたいことを全部、言ってきたと意気揚々としていた。

今、1児の父となっている息子は、あの時のことを覚えているだろうか。』

この息子さんは、きっと父の救いに感謝したことだろう。そして又担当の警察官も、「子供に証明せよ」と要求したことの過ちを、素直に認めてくれたことだろう。もし彼がそこで父親と争っていたら、こんなに意気揚々と親子が帰宅するはずはないからである。このようにして人々は、全ての事件や人々を通して、色んなことを教えられ、進歩向上してゆくものである。

それをいいかげんな年齢になって、「もう他人からは教えられないぞ」と思ったり、まして子供や妻から助けられたり、教えられたりすることは何もないと思い上がってはいけない。そんな心になると、救いの手はどこからも出てこなくなる。何故なら、素直な感謝の心こそ、人間内在の〝無限力〟を引き出してくれる「奥の手」だからである。

永遠の生命

世界で有数の大富豪となり、大慈善事業家となったアンドリュー・カーネギー氏(Andrew Carnegie)も、こうした「奥の手」に導かれて、極貧《ごくひん》の世界から抜け出していった人である。同氏の幼少のころから青年期にかけての生活状態は、平成十二年十一月号の『白鳩』*誌と『理想世界』*誌に紹介したが、ここでも同じく彼の「自伝」(『世界の人生論』第九巻中の『鉄鋼王カーネギー自伝』坂西志保訳・角川書店刊)からその成長ぶりと、何をどう学んだかを紹介したいと思う。

彼はスコット氏の鉄道会社の事務所で信頼され、仲間の青年達とも仲よく働いていたが、これらの若者達について、こう書いている。

『私たちはみな善良で、正直で、自尊心をもった両親によってはぐくまれ、宗派は違ってもどこかの教会に属していた。私たちは、長老教会の牧師であったマックミラン氏の夫人を中心に、一つの社交クラブをつくり、牧師館に集まった』(二〇七頁)

『プラトンが「希望は高貴なもので、その酬いは大きいのであるから、それにひかれて永遠に歩み続けるべきである」といっているが、そのとおりであると思う。この世に生まれ落ちた私たちがなにかの運命によってともに一生を送るようになったのであるから、またあの世でいっしょに暮らすようになったとしても、なんの不思議もない。生も死も、露の命をつかのま楽しんでいる人間にとって理解を越える問題である。であるから、プラトンがいうように永遠に希望をすてず、未来の生命を信じて慰めつつ進むべきである。もちろん、私たちは現世においての義務を忘れず「神の国はなんじらのうちにあり」ということばをそのまま受け入れるべきである』(二〇八頁)と。

ここに書かれている「未来の生命」とは、あの世のいのち及び「永遠の生命」というような意味であろう。そこで「神の国はなんじらのうちにあり」というイエス・キリストの教えが生きてくるし、『甘露の法雨』*の中にもある如く、

『「汝らの内」即ち「自性《じしょう》」は神人なるが故に
「汝らの内」にのみ神の国はあるなり。
外にこれを追い求むる者は夢を追いて走る者にして
永遠に神の国を得る事能《あた》わず。
物質に神の国を追い求むる者は
夢を追うて走る者にして
永遠に神の国を建つる事能わず』

が正しく理解できるはずである。

内なる神の国

世界的大富豪になったような人物は、このようにして正しい信仰を持ち、物質的利益に心を集中して、利権争いなどにうつつを抜かしてはいなかったことに注目しなければならない。

このような気持で鉄道会社に勤めていたカーネギー青年に対し、尊敬する上司のスコット氏が、ある時アダムス運送会社の十株を入手する話を持ちかけて来た。当時のアンドリューは五ドルの資金しか持っていなかったが、五百ドルの家を買うために五百ドルすでに払い込んでいた。母親の努力で、その土地と家とを担保にして銀行から五百ドルを借りてくれ、それをアンドリューはスコット氏に渡したのだ。これにはさらに百ドルの新株がついたが、これがカーネギー氏の最初の投資だった。そしてこの株が毎月十ドルずつニューヨーク銀行から支払われ出したのであった。

さらにカーネギー氏は「ピッツバーグ日報」に投書したが、その内容が注目され、後日「トリビューン」紙を彼が買い取ることにつながって行った。さらに一八五六年、スコット氏はペン（シルヴァニア）鉄道会社の総務に昇格し、二十三歳のアンドリューをつれてアルトューナに移転した。

するとある晩、一人の男がアンドリューの後をつけて来て、こう言うのだ。

「自分はピッツバーグであなたにとても深切にしてもらった。その恩返しに、あなたに知らせたい事がある。」

そう言ってペン鉄道会社でストライキをやる計画があると打ちあけた。それをスコット氏に告げた所、スコット氏は、〝このストをやると約束した人は、即刻解職されることになったから、事務所に給料を取りに来い〟と印刷して掲示した。ついでにスト実行者の人名も掲げたので、このストは中止ということになった。当時のアメリカではそのような対策も可能だったのである。

さて南北戦争が起ると、彼は首都ワシントンに行って、政府の鉄道運輸と電気通信の事務を担当し、多くの人々に出会うことになった。彼はできるだけ多くの人に便宜をはかった。このような〝善意の行為〟は、いつか必ず何らかの幸運の〝善果〟をもたらすものである。彼はこう書いている。

『このような行為は、受ける人も、してあげる人も、どちらもまったく私心がない。貧しい人ほど人の好意を心から感謝し、その感激を素朴な形で表わすのである。百万長者はいつか適当なお礼ができるであろうが、貧しい働く人たちにしてあげる思いやりのある行為こそ、ほんとうに何十倍も酬いられることの多いものなのである』（二一六頁）

彼がある日オハイオ州へ旅をした時、百姓のような身なりの人物がやってきた。男はT・T・ウッドラフという人で「寝台車を発明し特許をもっている」と言うのだ。カーネギーはそれをきいて直感的に「重要な発明」と気付いたので、早速スコット氏にウッドラフ氏のことを話した。その結果、試作車を二台作ることが決まり、アンドリューはその受持ち金額を月賦で支払った。寝台車は大成功で、彼は十分の配当を得ることになったのである。

さらに又当時の鉄道のレールはおそまつなもので、度々脱線事故を起した。南北戦争はペンシルヴァニア鉄道に多大なサービスを要求した。そこで彼は「夜行列車」の発送係を、はじめて任命した。そこで〝夜行列車の発明者〟となったのだ。

南北戦争は一八六一年にはじまり、スコット氏は陸軍次官に任命され、カーネギー氏はワシントンに呼ばれた。彼はスコット次官の補佐官として軍用鉄道と政府の電信通信の全責任をまかされ、さらに鉄道部隊を組織した。そこでリンカーン大統領も時々彼の事務所に来て、重要電報をカーネギー氏の机の側に坐って待っていた。そこで彼はリンカーン大統領についても、次のように書いている。

リンカーンの魅力

『この偉大な人の絵や写真は、みんなよく似ている。目鼻だちがひどく特徴があるので、だれがかいたって似ていないなんていうことはありえなかった。静的のお顔はほんとうに醜くかったが、なにか感動したり、おもしろい話をしている時には目が知性の光をはなって、顔全体が輝き、私はこのような美しい顔をいまだどこにも見たことがない。彼の態度は自然であったからいつもりっぱであった。だれにでもなんとなく親切で、思いやりのあることばをかけ、事務所の給仕にさえも、同じようにふるまった。彼の他人に対する態度には差別がなかった。だれにでもみんな同じで、シーワード長官に話すと同じ口調で給仕に話しかけた。彼の魅力はどこにももったいぶったところがなかったところから来るといったらよいであろう。なにをいったか、重大なのはその内容ではなく、むしろそのいいまわしにあって、だれでもこれにひきつけられるのであった。私はたびたび、リンカーン大統領のいわれたことを克明に書きとめておくことをしなかったのを後悔しているが、彼は普通一般のことをしごく独創的ないいまわしで語るのであった。リンカーン氏のように自分をあらゆる人たちと同じ立場において親しみの情を表わす、こんな偉大な人物を私はいままでに一度も見たことがない。へー長官は「リンカーンさんの従者になることはできない。だれでも友だちにしてしまうから」といわれたが、じつにそのとおりなのであった。彼は最も完全な民主主義者で、ことばに、行為に人間は平等であるということを表わしているのであった。』(二二九頁)

これはとても大切な学習だ。コトバとは口に出して言うだけでなく、行動全般がコトバである。日常の一つ一つの動きがコトバであり、それが当人の運命を決定づけるのである。これに反して私は次のようなコラム欄を見たことがある。平成十二年六月十九日の『毎日新聞』での小林洋子さん（コラムニスト）の目撃談だが、

『「一流」のイメージのある某企業を訪問した。立派なビルのエレベーターに乗って目的の階に向かう。途中の階で、その社の社章を付けた男性が乗ってきた。つまようじをくわえている口を半分だけ開いてつぶやく。

「ロク」

それがよもや来訪客である私に発せられた言葉だとは気付かなかったので、ぼんやり階数表示板を見ていると、今度は明らかに私の方に向かって「ロク！」。6階のボタンを押せという意味なのだろう。「6」を押す。6階が来るとありがとうとも言わずに降りていった。女というものは女房も部下も見知らぬオバさんも須《すべか》らく男にサービスするものと思い込んでいるオッサンがこんなところにも生息していたとは！

訪問先の部署の応接に通されて暫《しば》し待つ。やがて応接室の外に人の気配と話し声。良く聞こえる。

「こんなセミナーやったってどうせ集まってくるのは暇な主婦と年金ババアばっかなんだよな。……ったく。部長は何考えてんだか」

もしや、それはワシに今回講師依頼のあったセミナーのことか？　応接室のドアが開き、満面の作り笑いで入ってきたのは……なんとあのつまようじ男とその部下。エレベーターで会ったことすら気付いていないらしい。

自分の周囲に対する観察力の不足、相手がどう感じているか想像力の不足。それらは若者だけの問題ではなかったようだ。社内といってもビジネスの場だ。ベテラン故の気の緩《ゆる》みは、企業イメージを瞬時にして崩壊させる。』

そのままの人たち

企業家でも、事務員でも、政治家でも、完全円満な肉体人間は発見できない。だから不完全をもって「ダメ男」ときめつけることはできないが、少なくとも日常の言動において、内在の神性を自覚し、それを表現しようと努める人々が多数出て来なければ、国家はダラクしていく外はないのである。

リンカーンは第十六代の大統領だったが、残念なことに戦勝直後に暗殺された。さらに当時グラント将軍は北軍の総司令官として勝利し、その後第十八代の大統領となった人物だが、カーネギーはこのグラント将軍とも列車の中で面会したことがあった。当時はまだ食堂車が発明（？）されてなかったので、カーネギー氏はピッツバーグで将軍を食事に案内したのだ。

『こんな高い地位にある人としては、彼ほど風采のあがらない人に私はいままで会ったことがない。だれだって一目でりっぱな人物だとは思わないであろう。陸軍長官のスタントン氏が西部戦線を慰問した時、グラント将軍と彼の部下が車の中へはいって来た。長官はひとりびとりをよく見て、確かにグラント将軍がいるはずだと思ったが、それらしい人物はいない。「グラント将軍にはまだ会ったことがないんだが、ここには来ていないね」と長官は自分のそばに立っていた男にいった。ところが、それが将軍であった。』（二三〇頁）

最近のアメリカでは、風采の上がらない人は中々大統領には当選しないと言われているが、昔はそうでもなかったらしい。しかもこのグラント将軍はカーネギーに、すこぶる開けっ広げに作戦計画を話してくれたのでビックリしたというのである。

『その後、私はグラント将軍と親しく交際するようになったが、彼ほどなにごとにつけても気どったり、もったいぶったりしない人を、私は見たことがない。リンカーンでさえ、彼ほど率直ではなかった。グラントは口数の少ない、動作のにぶい人であったが、リンカーンはいつもいきいきしていて、動的であった。私は、将軍がむずかしいことばを使ったり、大風呂敷をひろげるのを見たことがない。彼が柔弱不断であったという評判はまちがっている。時によるとよく語り、また時には自分から進んで話し出したが、それがまたひどく魅力のある話しぶりであった。簡潔で、筋が通り、焦点をしぼって語り、またものごとの観察はそのものずばりであった。なにもいうことがないと、けっして口を開かなかった。戦争中の部下をほめるのにやぶさかでなく、いつもこれを口にしていた。まるで父親が自分の子どもの自慢をしているような口調で話すのであった。』(二三二頁)

このようにして、アンドリュー・カーネギー氏は、「人生学校」から多くを学び、善の何たるかを吸収し、それをもってさらに事業を発展させ、さらに慈善事業にも決してムダや浪費をゆるさず、全財産を寄附しようと、人生の最後まで努力を続け、一九一九年に昇天したのであった。

*『白鳩』誌=生長の家の女性向けの月刊誌。

*『理想世界』誌＝生長の家の青年向けの月刊誌。

*『甘露の法雨』＝宇宙の真理が分かりやすい言葉で書かれている、生長の家のお経。詳しくは、谷口清超著「『甘露の法雨』をよもう」参照。（日本教文社刊）

2 「生きがい」がある

いのちの道具

「生きがい」というのは、「生きている貝」のことではない。漢字で書くと「生き甲斐《がい》」となり、〝生きる価値〟といった意味である。全ての物には価値があるが、必ずしも金銭によって取引きされるとは限らない。尊い価値があるものでも、その値打ちが分からないと、「価値がない」などと言って見捨てられることもある。古今の名曲や名画でも、発表された当時は、見むきもされず、値打ちがないとされた〝芸術品〟が一杯ある。あとになって、段々とその値打ちが分かって来たという訳だ。

それと同じで、あなた自身が「生きがいがない」と思っていても、あなたの人生に値打ちがないのではない。あなたがどんな〝傑作〟であっても、あなたがあなた自身の生きる価値を見出していないだけの話である。人は無限の価値のある存在なのだ、ということに気が付かなくてはならない。

「しかし、私は、生きがいがないよ……」

これは自分がまだいのちのすばらしさに気がついていないだけの話だ。いのちというのは、肉体の生命のことではない。肉体が死んで、灰になっても、まだ生きていて、永遠に死なないいのちのことだ。それが本当の人間そのものなのである。これを「神の子・人間」と言い、時には「神」とも「仏」とも言う。何故なら人の子は人であり、猿の子は猿であるように、神の子は神であるからだ。神は死なない、仏様も死にはしない。死なないいのちは完全無欠である。無限の力、エネルギー、豊かさ、すばらしさが満ちあふれている。それがあなたであり、A君でありB君であり、CさんDさんなのだ。

そのいのちが夫々A君やCさんなどの肉体を使って、いのちのすばらしさをこの地上に表現しようとしている。これが現実の人間の世界だから、全ての人に「生きがい」があるのだ。つまり人生は表現の舞台だから、すばらしいのである。死んでも、生き続けているいのちの表現だ。肉体はその表現の道具であり、手段の一つである。だから大事に使って、ムチャな使い方をしてはいけない。

例えばあなたが自動車を買ったとしよう。まだ買うだけのお金がなかったら、将来のこととして、少しずつ貯金をはじめたと仮定しよう。そんなまだるっこしいことはいやだ、というなら、自転車にしてもよい。それを使って学校へ行くと、目的地に早く着く。しかもそれを使って学校へ行くという目的が叶う。そして色んなことを学んで、自分の能力を高めることができる。それを「自己表現」と言いかえてもよい。そのための道具だから、人は自転車や自動車を大切にするし、その使い方にも注意するのである。

難しく、たのしい

それと同じように、肉体も「自己表現」の道具だから、ムチャな使い方をして、好きなものだけを腹一杯食べ、夜もねむったり、ねむらなかったりして、肉体を酷使してはいけない。甘いものばかりウンと食べていると、中年になると忽《たちま》ちその害が出てくる。タバコも若ものが吸っているのは、あれは自動車用のガソリンにニコチン液を混ぜて使っているようなもので、早死にする愚《おろ》かな使い方である。年寄りでも吸ってはいるが、それで「生きがい」が出るものではなく、むしろ「生きがい」が減少するやり方である。

そもそも「自己表現」のためには、先ず何よりも自分のいのちのすばらしさを自分で認めなくてはならない。あなたが似合いの服を着るのも「自己表現」だが、その服がアルことを認めて、どこからか引っぱり出して来ないと、その服を着ることは出来ないだろう。それと同じことで、先ず「アル」と認めるところから、使えるのであり、現し出すことが出来るのである。

だから先ずあなた自身に能力があることを認めないといけない。例えば数学を面白くしようと思うならば、先ず自分に「能力がある、数学はおもしろい」と認めることだ。

「私には力がない、むつかしい、嫌いだ」

では、あなたの中の力が出て来ない。子供は小さい時から難しいことでも喜んでやろうとするだろう。だから何でも早く上達する。自転車に乗るのでも、進んでやろうとする。何回転んでも、出来ないなんて思わずに、又やってみる。こうして喜んで、楽しんでやっていると、ますます上手になり、とうとう二輪車でも一輪車でも、勿論《もちろん》三輪車でも、乗れるようになるのである。

「難しい」と思って、やらないでいると、何時《いつ》までたっても何も出来ないが、難しいことは楽しい、やれる、ありがたい――と思って練習すると、やれるようになるものだ。つまりあなたの中に「無限力」がかくされていることが分かる。子供は誰でも、そうやって能力を引き出してくるのである。

例えば難しい日本語でも、赤ん坊はだまって聞いていて、その中から「分かるところ」だけを聞き取り、次第に憶えて行く。こうして三年ぐらいたつと、ペラペラと日本語をしゃべり出すのだ。ところが中学生でも、三年やっても英語がペラペラにしゃべれない。何故か？　つまり「難しい」ことをさけて、やさしい文章ばかりを習うからである。難しい所をさけて通ると、人間の能力はあまり伸びない。だから失敗をおそれるな。分からないことをおそれるな。自分には力がないなどと、決して思うな。

神の子だ、仏様だ

人生の生きがいは、難しいことをやるところから出てくる。十センチの高さに張られた綱を、何回とびこえても、やり甲斐がないだろう。あなたがこの世に生まれてくることも難しかったのだ。それを思い切って、父母の家庭に飛び込んで来たのは、あなたにこの世のこの家庭に生まれ、この人生を生きる力があったからだ。これはとても高い飛び込み台から飛び込むよりも難しかった。ところがそれを、

「生んでくれとも頼まないのに、勝手に生んだ……」

などと考えるのは、自分の能力を無視し、自分を父母が勝手にこしらえたデクノボーと思い込むヒネクレた妄想である。人間は一個の卵細胞と精子とがつくり出した細胞分裂の塊《かたまり》ではない。それは「肉体」という道具の話だ。道具は本人自身ではないのである。道具は少々こわれていても、オートメーションの製品でもかまわない。使う本人が無限力だから、その力を出すことで、よい仕事がいくらでもできるのである。

この道具がたとえ木と紙とから出来ていても、それはその人が木と紙とで出来ているのではない。自動車が外国産でも、持主の本人が日本人なら、日本人の車なのだ。自分で選んで自分で所有しておれば、その車を誰が作ったにしても自分の車として、自分が責任をもって使うのである。

人間は肉体ではなく、その持主のいのちそのもので、神の子だ。仏様だ、神様だと知ることが一番肝腎で、そこから「生きがい」が出てくるのである。だから、今までのあなたの成績表にどう書いてあっても、ちっとも驚くことはない。成績が悪いのは、力の出しようが足らなかっただけのことだ。何故力を出さなかったか？　頭が悪いとか、カゼを引いたとか、ねむかったから……と言い訳をするが、根本は自分のすばらしさを心から認めていなかったからである。

だからこれからは毎日「神想観*」をして、自分のいのちの無限のすばらしさを認め、心に描く練習をしよう。心に描くのを瞑想という。「実在*」が完全円満であることを描くのが「神想観」である。あなたには、この瞑想をやる力がある。赤ん坊が胎内にいる時、何をやって来たか。ほとんど一日中瞑想をして来た。そして母親の心臓の音を聞いて、安らかに水をのんだり、小便をしたりしてすごしたのだ。水は羊水といってお母さんの体内にできて来たきれいな水だし、小便はそれを飲んで、又羊水の中に返して来た。つまりきれいな水だから、小便もきれいだったのだ。何も固いものはたべないから、大便は出ない。しかし少しずつたまった細胞のカスが、オギャーと誕生してから〝宿便〟として少し出てくるのだ。

耳が発達すると、胎内でもお母さんの話し声が聞えてくる。お父さんとの話も聞える。兄や姉の話し声もきこえるだろう。それらを聞いて、よくその声の区別を憶えてから生まれてくる。胎内では手や足を動かし、時々外の世界の音や動きにこたえて合図したりするようになる。そして丁度外に出てもよい時になると、お母さんの生む力に合わせて、あなた自身も体外に出るために大いに力を出すのだ。

一番ふさわしい家庭

こうして全力をつくして生まれて来たのが、あなたの人生だから、今さら「生きがいがない」などというのは、全くどうかしている。自分の出生の神秘を思っても見ないからだろう。しかも一番自分にふさわしい父母の所に生まれて来た。これは「業の法則」と言って、自分の今まで（前世まで）の成績（業）にふさわしい所へ入学して来るようになっている。そしてこの世（今生《こんじょう》）でまた色々とよい成績をあらわして、その成績にふさわしい所へ、又生れ変って出てくるのが来世である。これを次生《じしょう》とも言う。次生の次からが後生《ごしょう》である。こうして何回でも、無限に生れかわり、肉体は死にかわりして、次第次第によい成績を積み重ね、実力をもりもりと出し、その力をもって作品をつくり、善業をかさねて、すばらしい美しい表現の世界（現象界）を楽しみながら、神の子・人間のすばらしさを味わうのである。

これを勘違いして、肉体の欲望を自分の心と思い、その欲望を満足することばかりに熱中して、人々の迷惑や苦しみを察せず、思いやらず、我儘《わがまま》気儘《きまま》の勝手放題をやっていると、その悪い成績（悪業）がつみ重なって、次生も後生も、段々程度が下って行く。いつまでたっても「地獄の苦しみ」のような体験を繰り返すばかりとなるのである。

では何が「善いこと」で何が「悪いこと」か。それが分からない人は、一人もいない。いないけれども、詳しくは分からない時は、親や先生が教えて下さる。さらに全ての人や物が教えて下さる。物といっても、動物や植物も物だ。犬や猫でも、子供を大事に可愛がって育てるだろう。人の父母は、それ以上に子供を可愛がって育てて下さり、色々と教えて下さるのだ。

それはあなたの肉体の欲望ばかりを充《み》たしてくれるのではない。生きる力をきたえるために、食べたくてもしばらく我慢することや、眠くてもある時間勉強したり働くことを教えて下さるにちがいない。その我慢や辛抱が出来なくては、この肉体人生は送れないからだ。レッスンは、どんなレッスンでも辛抱が必要である。それをやりぬいて、一流の人間に育ち、ある程度無限力が出てくるのである。

恐れるな、逃げ出すな

雪のつもった冬になると、鳥たちはどうやってすごすか。みな我慢してすごす。雨のふる日も同じことだ。餌《えさ》がない時も、じっと辛抱する。泣きわめいたり、どこかへ盗みに入るなどというあさましい事はしない。カンニングもしないし、嘘もつかない。それを人間どもが、嘘を言い、ごまかしをやり、万引きやカンニングやいじめをやるとは何事であるか。こんなことでは、とてもではないが善業という「善い成績」はついて来ない。するとそれだけ楽しみの少ない、苦しい結果を刈り取ることになるのである。

だから、たくさん善い事をしよう。教えてくれる全ての人々に感謝しよう。「神想観」をし、自分の神の子であることを心に描こう。自分のすばらしさを、自分で認めよう。さらに周囲の人々のすばらしさも、次々に認めて、ほめたたえよう。善い事をするには勇気がいる。それはあなたの中にすでにアル勇気だ。この地上で、この世に生まれて来た人々は、みな勇気がある。その勇気をみとめて、現し出そうではないか。

「足がふるえるから、勇気がない」

などと言うな。全身がふるえても、昔の武士は「武者ぶるい」と称して、勇気のある証拠とした。足がふるえ、声がふるえてもかまわない。それは「武者ぶるい」である。手にあせをかき、息がはずんでも、それはいざというときに力を出せるように、木にも登れるように、体内ホルモンが分泌されたからだ。

「顔が赤くなる……」

ともいうが、赤い方が元気そうでよいのである。はずかしいなどと言って引っ込んではならない。人前で話をするには、多少顔が赤い方がよろしい。ふるえ声もまた美しい。だから歌手はみなふるえ声の研究をする。涙がこぼれても、ちっともおかしくない。涙声でうったえられると、聞く人々の心にジーンとしみ通り、演壇で泣くと、聞く人も泣き出すのだ。

つまり、これらの失敗や、行きづまりや、ふるえや、赤面を「恐れない」ことである。「逃げ出さない」ことだ。恐れる必要は何もない。恐れることを、恐れるな。あなたには、すでに無限がある。その無限力は、手をかえ、品をかえ、凡ゆる方法で、あなたの外へ現れ出ようともがいているのである。

＊神想観＝生長の家独得の座禅的瞑想法。詳しくは、谷口清超著『神想観はすばらしい』参照。（日本教文社刊）

＊実在＝ほんとうに存在する、神が創られたままの完全円満なすがた。実相。

3　人生の課題と学習

無限力について

平成十三年正月は、まさに西紀二〇〇一年の一月である。二十一世紀が始まるという人もいる。いずれにしても、新しい年は常に前年よりも進歩向上していなくてはならない。年を重ねるごとに、次第に退歩したり堕落して行くようでは、生き甲斐が感じられないだろう。オリンピックは四年目ごとに行われているが、その都度記録が更新され、人間の示す能力が向上しているのが実情だ。それが一体いつまで続くのであろうか。

もし永久に向上し進歩すると言うならば、人間は「無限力」の持主でなくてはならない。一方やがて頂点に達する、その後は次第に退歩すると考えるならば、人間の力は「有限である」と言わざるを得ない。多くの人びとは、「無限力」でありたいと思うだろう。そうでないと、将来に明るい希望や期待が持てないからである。

しかしもう少し詳しく考えると、オリンピックなどの運動競技では、主として「肉体の能力」を競うから、「肉体人間の能力」ということになる。すると現在各人の持っている肉体の能力は、明らかに限界がある。いくら速く走ろうとしても、馬の速さやライオンなどには及ばない。チーターにいたっては時速百十キロメートルを出すからだ。

しかし人間が「無限力である」と言う場合は、当然精神的な心の力やいのちそのものの力を考えるし、それが肉体の力にも大きく影響してくる。心が乱れると「肉体力」も充分出せなくなるのは、全てのスポーツや試合の場でも明らかだし、各種の音楽会や発表会でも、よく見うけられるところである。

そこで吾われが真に二十一世紀、さらには二十二世紀……と、人類の未来に希望を持ち、生き甲斐を感ずるには、現在の肉体が死亡した後のいのちの存在を考える必要が生ずる。さらに吾われの肉体は決して平等ではなく、自由でもない。だが人々は全て「自由」と「平等」を求めている。それは、人間が「肉体ではない」ことを求めているのであり、肉体死後の（又この世に生まれる以前からの）いのちの永続性を直観的に知っているからだ、という外はないであろう。

実在界の実相

しかしこのいのちの「無限力」も、練習をしないと現実には出て来ない。それは「実在界」にはあるが、「現象界」という「表現の世界」には、表現する努力と練習、即ち訓練が必要で、その「力」も無限力の中の一部だからである。これはどのような霊的世界でも、それが現象界である以上必要なことである。従って人は練習や訓練によって次第に実力を発揮し、その限界はありえない。しかし表現の場所は、次々に移り変わって行くものである。

その大きな変化の時期は、人間が今の肉体を捨て、次の肉体か霊体などの〝道具〟を持つ時に経験するだろう。丁度人の子が学校に行って勉強する場合のように、小学校から中学校、そして次に高等学校へと進むような〝変化〟の時である。大人になった人達は職場の移動や、職業の変更（リストラや自発的転職）の時に、今までにはなかったような新しい表現力の発揮の〝練習〟をするのである。

しかもそれらの変転を通して、人は永久に不死であり、いのちはどこまでも安泰《あんたい》である。そして「神の子」としての「無限力」を常に持ち続ける。このことを自覚すれば、人は生死を超えて数多くの体験を得、そこで色々の学習をし、表現力を深め、そしてそれが多様化するのだ。この自覚を持つことが、正しい信仰生活であり、「神の子・人間・無限力」を信ずる極めて楽しい生活法である。

それ故、どのような人も、「宗教」を無用のものと思い違えたり、〝老人の気休め〟などと錯覚してはならない。むしろ若いうちから正しい信仰生活に入ることの幸せと、その楽しさと意義とを学ぶべきである。しかしこのような傾向は、二十世紀には中々表面化されなかった。そして地上での数多くの宗教は、不完全な教義を弘めようとして他宗を軽視したり、批難し合ったものだ。多くの場合は、

「○○様を信じないと救われない」

などと主張した。この○○は大抵聖者であったり、救世主であるとされた人たちであるが、もしそうなら、○○様が生まれない以前の人類はどうなったのかということになる。○○だけが救い主や神の子、仏さまであるというのならば、○○だけをどうして、誰が〝救い主〟と決めたのか。唯一絶対なる神が、それを決めるはずがない。何故なら、絶対神は完全円満な世界をのみ造られたはずだから。全てのものを完全な「救われ済みの神の

子」、あるいは「神の国のいのち」そのもの（被造物）として造られたはずだからである。

これが「実在界」の実相だ。本当に実在する世界はこれ以外にはありえない。ただその実在界を、感覚的な世界に表現しようとすれば、この表現の世界、即ち現象界には不完全な姿が色々と表現されるのである。例えばこの世に子供が誕生すると、その赤ん坊は完全円満な「神の子」であっても、肉体的には弱々しくて立って歩くことも出来ず、コトバもろくに話せないように「表現」されている。その赤ん坊が年を経《へ》るにつれて、色々の教育をうけ、訓練され、練習を積んで、立派な子供となり、大人となって行くのである。

よいしつけ

そして最初の教育担当者は、父母である。学校の先生や友人たちは、ずっと後になってから、教育の仕事の一部を受け持ってくれる。しかしとにかく生まれる時の教育担当者は父母であり、ことに母の役目は大きいということを知らなければならない。何故なら、母はその胎内に胎児をみごもった時から、すでに無意識的に教育を始めているからである。胎外からではあるが、父も大きな教育力を発揮して、胎内のわが子の出産を待つのである。

ところがこの時もし父や母が、どちらか一人でも「生みたくない」とか「不要な子だ、オロセ！」などと言ったり思ったりしているならば、それはまさにマイナスの教育をしているものである。心と心とは通じ合うからだ。ことに親子や夫婦間では、敏感に通じ合う。そのような時、もしその心を変えて、「よろこんで出産を迎える、待ちのぞんでいるよ」となったならば、その子はすくすくと生育し、やがて出産の時も、多くの場合健康な身体にめぐまれ、安らかに生まれてくることになる。

こうしてさらに幼児となってからも、父母のよいしつけが行われ、立派な両親を愛し、人々にも深切な子供となって、社会人としても功績のある人生を送るものである。一口にいうと、このような親子こそが「幸せになる」のである。例えば平成十二年八月二十九日の『産経新聞』には次のような投書がのっていた。

『　森田行恵　67（東京都日の出町）

交通事故で重体となった叔母を見舞った帰りに、電車に乗ったときのことです。

夕方のラッシュ時でしたので車内は満員でした。

私と妹が押されながら座席の前まで行ったとき、座っていた両親と二人の子供（小学五年と二年くらい）が話し合っていました。そのうち二人の子供がさっと立って席を譲ってくれました。

疲れていた私たちは申し訳ないと思いながらお礼を言って席につくと、若いお母さんは「子供たちは元気なのだから立っていても平気」と笑顔で言いました。旅行帰りのようでお子さんも疲れているようでした。降車の際、「ありがとう」と言ったら、ほほえんで手を振っていました。

今時の若い人たちは常識がないとか思いやりがないとか言われますが、優しい思いやりのある方がいることを心からありがたく、ぬくもりを感じ、このようなご両親に育てられたお子さんは幸せだと思いました。きっと心の美しい少女に成長されることでしょう。

悲しい気持ちでの帰りの出来事に深く感動し、まだまだ私たちの周りには子供をきちんとしつけている親たちがいることを心強く思い、大勢の方々に知っていただきたいとペンをとりました。

(主婦)』

このような教育をうけた人は、子供たちばかりではなく、両親も幸運な人生を送り、周囲の人々にもその影響が拡がるものである。ところが現実の日本では、その点がまだ徹底していないから、人と人との挨拶すらできない若ものが大量生産され、彼らは公道の石段や路傍《ろぼう》にも腰を下ろして、タバコを吸ったり、食事をしたのこりカスを捨てて行くのである。

何をしたいか？

あまりにも物資が豊富になりすぎ、しつけたり教育したりする立場の人たちが、実はしつけられたことのない人達で、知らず知らずに我儘《わがまま》な子供達を育てているからではないだろうか。だが現実の世界には多くの貧しい国がいくらでもあり、そこには食に飢えた若ものたちも沢山いるのだ。そして彼らは、一体何を欲しているのだろうか……平成十二年八月三十日の『毎日新聞』には次のような「記者の目」という三角真理さん（大阪社会部）の記事がのっていた。

『「飢餓・貧困・難民救済キャンペーン」取材のため5月末から5週間、南アフリカ、ザンビアなどを訪ねた。まず伝えたい、と思ったのは、貧しさや病気に苦しむ人たちの姿ではなく、それらを全く感じさせない子どもたちの明るさ、強さだった。生きる喜びは「物」の豊かさにあるのではない。人間関係の強さにある。子どもたちにそう教えてもらった。

ザンビアの難民キャンプには、日本の私たちの日常とはまるで違う暮らしがあった。

戦火の国からたどり着いたばかりの人たちは、ほとんどが手ぶら、裸足、ぼろぼろの服。疲れているだろう。おなかがすいているだろう。こんな時に声をかけていいものか……と迷いながら、子どもに聞いた。

今、何をしたい？　するとどの子も「学校に行きたい」と迷わず答えた。はっとした。「食べたい」「休みたい」と答えるだろう、何か物を欲しがるだろう、と決めつけていた。戦火から逃れて来た難民の子たちは、不幸と疲労のかたまり、というイメージに捕らわれていたからだ。キャンプには栄養失調やマラリアで苦しむ幼い子もいる。だが、子どもたちと少しの言葉を交わしただけで、私の思い込みは覆《くつがえ》された。とんでもない先入観を抱いていたと恥じた。（中略）』

「飢えた子供たち」でも、第一に学校に行きたいと思っているということは、物よりも食よりも、「教えられたい」と望んでいることではないだろうか。ところが多くの大人たちは、物や食事を豊かに与えさえすれば、子供は満足すると思っている。物を第一に考え、心の方をおろそかにしている。第一人は「学ぶ」ためにこの現象界という「人生学校」に入学した。だから必然的に「教わりたい」のであり、その心は未来に向かってどこまでも大きく開かれている。物の不足をとやかく言うのではない。さらにこの「記者の目」はこう続いている。

『子どもたちのこのエネルギーや明るさは、一体どこから生まれるのだろうか。まず第一に、子どもの心がいつも未来を向いていることにあると思う。「学校に行きたい」という願いを何度も聞いたが、行けないことへの不平や愚痴はなかった。「どうやったら行けるの？」。自分たちで自分の将来を変えていこうとする意欲だった。

ザンビアの貧困地区で、ＮＧＯ（非政府組織）が運営する学校の子どもたちは、本もノートも持っていなかった。それでも先生の顔をじっと見つめて授業を受けていた。「学校は大好き。学べるから」と心から喜んでいた。設備の不十分さを並べたてる子はいない。今の状況を、まず大切にしている。（後略）』

タバコと核兵器

その大好きな学校もまた、今の日本の社会には各種取りそろえて用意されている。しかしそれでも学校へ行かなくなったり、教えられることを拒否している青少年が数多くいるのはどうしてだろう。それは学校や家庭での教え方が間違っているからに違いない。子供が学びたいということは、自分がまだ未熟だ、知らない所やできないことが沢山あることを前提として、〝学びたい〟のである。だから教える立場の人が、

「お前はここが悪い、これが足らない」

と、欠点を一々指摘するのを第一にしてはいけない。「できない、できない」と言われれば、できないのは当り前で、それよりも「これができた、あれもできた」と、内なる能力がのびて来たことを認めて、自信をつけてやることが何よりも大切なのである。

生長の家では「ほめる教育」を推進しているが、ほめることの外に、正しくしつける（教える）ことも必要である。それは「あなたには、これこれが出来た、だからこれも出来るだろう、さあやってごらん」というように、自信を持って、神の子・人間の無限力を次第に引き出す方向づけをするのである。そうして次第に心の眼を広げて行き、単に日本という狭い国土だけを見ないで、色々の国の実情や、きびしい貧困社会もあることを知らせることも必要である。

前にも若ものが〝年《とし》がいもなく〟タバコを吸いたがることを書いたが、これは「身体の害になるからやめるとよい」ということで、老若男女を問わない人類の大きな一つの課題だからである。本当の世界平和は「核兵器」ばかりではなく、ごく手近にあるタバコがどうなるかにも依る。幸い日本人は豊かになって、スポーツ好きな人が多いから、各地で行われるオリンピックに、多数が参加して見学するだろう。すると、こういう結果になるらしい……平成十二年八月三十日の『讀賣新聞』には、次のような記事がのっていた。

『【シドニー29日＝結城和香子】シドニー五輪では、レストランでたばこを吸ったら違法――。シドニーを抱える豪ニューサウスウェールズ州議会は二十九日、レストラン、ショッピングセンターや、屋内の公共の場所での喫煙を全面禁止とすることを決めた。このうち、レストランやカフェなど食事をする場所での喫煙は、来週中に条例を施行し、禁止する。

この喫煙規制について、同州政府の保健大臣は「オーストラリアの喫煙人口はわずか25%。世界から人々が集まる五輪期間中に、我々が健康面に関しても意識が高いことを示したい」と話している。条例に従わないレストランは最高五千五百豪《ドル》（約三十五万円）、喫煙した個人は最高五百五十豪《ドル》の罰金という。』

すべての人が「人生学校」に入学し、さらに次々と上級の「人生学校」に入学し、進歩向上して行くのは、小さな一部分の鎖国的国内状勢に学ぶだけではない。新しい開国の時代を迎えて、大なり小なり、多くの学習を幅広くしかも楽しく生き生きと継続し、「神の子・人間」の無限力を限りなく展開して行く「喜びの舞台」がこの人生だということを知ることが、二十一世紀の大きな課題だと思うのである。

4　主人公の自覚

ふたたび無限力

人間は運命の主人公である。肉体の主人公でもあり、肉体や環境の奴隷ではない。だから、人は皆、「ひとりで生まれ」そして「ひとりで死ぬ」のである。たとえ誰かを道づれにして死んだとしても、生まれかわるときは、又「ひとりで」生まれてくる。

「本当かな？　ウソだろう」

と疑う人は、まだ「主人公」の自覚が足りない。「主人公」である人間は、肉体や環境の変化を乗り越えて、生き続けるのである。まず分かりやすい景気の話から始めよう。平成十一年六月二十七日の『産経新聞』に、経営コンサルタントの小宮一慶《かずよし》さんが、次のような〝論点〟欄を書いておられた。

『「景気が悪いからモノが売れない」とぼやく経営者がいる。しかし、本当は、景気が悪いのではなく、努力が足りないから売れない面の方が大きいのではないか、と思う。

「企業の業績が悪いからリストラされた」と嘆く従業員がいる。しかし、実際は、その人のパフォーマンスが悪くてリストラされている、という事実を見逃していることも多いだろう。

経営コンサルタントとして、企業業績を見ていると、私の顧問先企業の中にも、前年比大幅な増収をしている企業は、何社もある。転職で成功している人にも数多くお会いする。日本のシェアの大半を占めている企業ならともかく、たいしたシェアもない企業の経営者が、自社の業績が悪い理由を景気のせいだけにするのはおかしい。（中略）』

人間は本来「無限力」の持主である。一定の力しか持たないと考えるのは、この肉体を自分と考えるからであって、本当は肉体の主人公、肉体という乗り物、道具の主人公が人間の本質（魂）である。しかも魂は不死・不滅であるから、色々の肉体的な道具（乗り物）を使って、自己表現をする。だから、丁度吾々が50ＣＣのスクーターに乗っている時は、それだけの力しか出せないが、千ＣＣのオートバイに乗りかえれば、もっと速く走れる。さらに飛行機に乗れば、もっと速く目的地に行けるだろう。そのように、「主人公」なる人間は、その使う道具によって色々の力を出すことができるし、今使っている「肉体」でも、まだかくされた能力が沢山あることに気付かなくてはならない。

そこで小宮氏の言われるように、「景気が悪いから」と言って、景気や他企業の責任にして、自分の力の出しおしみをしてはならない。もっとなすべき工夫や方法はないのか。同じ不況の中で、大いに繁栄している企業もあるではないか。小宮氏は続いてこう書いておられる。

努力をしたのか？

『リストラされた従業員に同情はするものの、自分のエンプロイアビリティー（雇用され得る能力）はさて置いて、企業や社会のせいだけにするのは、無責任ではないだろうか。

もちろん、自分の限界までがんばって、それでも結果の出ない人がいることは否定しない。だが、すべての人が、本来の自分の力を十分に出す努力をしているのだろうか。私は、多くの人に甘えがあるような気がしてならない。

自分の能力を最大限に出す努力をしているだろうか。経営者も従業員も、経営や自分の仕事に、十分な知識や経験を得るための努力をしてきただろうか。

その地位についたら、後は何とかなるという安易な発想で、夜は飲み歩き、読むのはスポーツ紙だけ、家に帰れば、晩酌しながらテレビを見る生活を送っていて、会社がおかしくなってから、経営者は景気のせい、従業員は企業や他人のせいにしているのではなかろうか。

日本では従来、大学も企業も「入ってしまえば後はなんとかなる」とか「入るのは難しいが卒業は簡単」「いったん入社すれば定年まで気楽に勤めてればいい」という風潮があった。右肩上がりでパイが大きくなる時代なら、それでも良かっただろう。

しかし、時代は変わった。そんな安易な考え方は、まじめに努力している人たちには、本当に迷惑な考えなのだ。（後略）』

景気や政治、あるいは運命などの責任にして、自分は「その被害者だ」というのは、楽だと思うかも知れない。しかしそれではいくら楽でもたのしくはない。「景気が悪く、運も悪いから、私はたのしい」という人はいないだろう。苦しくて、ユウウツなものだ。それは何故か。自分の中に、まだ力がありあまっているのに、その力が「外に出してもらえない」ともがいているからだ。ちょうど腹の中に糞便《ふんべん》が一杯つまっていても、排出してもらえないから、腹が張って苦しくてたまらぬようなものである。

そこで「苦しい」とかユウウツは、まだ底力が残っているぞ、という〝警告〟である。

「小企業だから、力が出せない」

などと、企業の規模のせいにするのも間違いである。かえって大企業は景気の波にゆれ動いても、中小の企業は、波に乗って、大いに成果を上げるようなことも可能だ。平成十一年六月二十七日の『毎日新聞』には「時代の波を越える小型船」と題して、唐津一《からつはじめ》氏（東海大教授）はこう書いておられた。

『（前略）今回の（中小企業）白書では、日本の中小企業は一昔前に流行《はや》った二重構造論の時代から様変わりして、大企業の下請けから「横受け」に、またオリジナルな技術開発によって特定製品についての専門メーカーとしての地位を確保している例が多くなった、とその変貌《へんぼう》ぶりを強調している。

そしてGDP（国内総生産）が500兆円という日本のこの強力な経済を実現したのは、大企業の活躍もさることながら、きめ細かな中小企業の技術力と努力が隙間《すきま》なしにうまく組み合わされたからだ、と解説している。しかし一方では、高齢化と若者の製造業離れの中で、現在の状況をさらに磨き上げるにはどうしたらよいかが問われている、と指摘している。
今、携帯電話がブームだが、世界に先駆けて大容量軽量化に成功したリチウムイオン電池のケースを、当初全く独自に生産・供給したのは東京都墨田区のわずか6人の会社だった。またアメリカ国防総省向けのミサイルの筐体《きょうたい》の特殊なメッキは、東京都大田区でやっていた。最近の話題では、昨年からスペースシャトルの燃料タンクの目方が4㌧軽くなったが、このタンクを削ったのは福井の工作機械メーカーが供給したマシニングセンターだった。このようなハイテク中のハイテクが、日本の中小企業から供給されたという話は切りがないほどある。（中略）
私は、このようなすぐれた企業を「中核企業」と呼ぶことにして、経営の仕方についての調査を2年ずつ2回やったことがある。そこですぐ気がついたのは、これらの会社の経営原理は大企業とは全く違う方式に基づいていて、それでなければ成功しないということである。
大企業は例えてみるなら、大型の船舶のようなもので、「中核企業」は、小型のモーターボートだ。だから、船の動かし方を全く変えなくては、うまく走らない。世間には経営についての専門書が随分出ているが、これらは大型船の動かし方で、まず役に立たない。組織がどうの、権限規定をいかにするかと言ったところで、それが10人の会社に当てはまるわけがない。

私が発見した「中核企業」の経営原理は次の6項目である。』

この六項目とは、「情報力」「リーダーシップ」「チームワーク」「組織の柔軟性」「資金力」これは信用のことだという。柔軟性については、定期異動などという役所のマネをするな、松下電器産業は、今でも定期異動はないといって、適当な時と処《ところ》と人とを選ぶ〝柔軟性〟をすすめている。最後に「外部の力を利用する」ことで、手伝ってもらうことの大切さを説いておられた。つまりよいアイデアをどんどん取り入れることである。さらに唐津氏は曰《いわ》く。

『今年の後半から必ず景気はよくなる、と昨年来主張して来た。その理由は簡単だ。私は何度も大不況を経験したが、このような大不況が来ると、どの企業でもその乗り切りのために一斉に努力する。電灯は半分に減らす。社用車はやめて、電車かタクシーだ。鉛筆は3《チセン》まで使え。新製品開発は前倒しにしろ。このような各社の努力がみのるには、通常2年かかる。その2年目がちょうど今年の下半期だ。

今年の秋を期待しよう。』

肉体も道具だ

私はだいぶ以前から、本部*への出勤は車ではなく歩いて往復しているが、おかげで脚《あし》が丈夫になったし、途中で色々の人と親しくあいさつをすることができて、幸せがふえた。混んでくると歩く人とぶつかるが、そのときも「失礼」「ごめんなさい」とあいさつをすると、相手もやってくれるものだ。タクシーの運転手さんも、交叉点で停止してくれた時は、手をあげてあいさつをすると、やはり頭を下げてくれたりする。

肉体もまた人間の「乗り物」であり「道具」であるから、心の明るさという、〝感謝の油〟をそそいであげる必要がある。すると少々ギクシャクした故障でも、自然治癒力が湧き出て、よくなるものである。

例えば平成十一年六月二十六日の総本山*の団体参拝練成会*で、東京都世田谷区若林に住んでおられる多比良《たひら》輝光《てるみつ》さん（昭和十年一月生まれ）は、こんな体験を話しておられた。多比良さんは平成七年に「生長の家」にふれ、さそわれて飛田給の練成会*に参加した。そこで、人間は幸せになる、どんな問題でも必ず解決する——という講話を聞き、

「よし、自分もそうなろう！」

と決意し、平成八年の六月に入信した。当時六十歳だ。ところが平成十年の十一月二十五日のこと、その日東京は大変冷え込んだ。永年やってきた通り、出勤の身仕度を整えて、最後の用を終って、さあ立ち上がろうとした時、突然下半身の力が抜けたようになった。頭が重くなり、前に倒れそうになった。一歩ふみ出そうと思ったが、その足が出ない。身体が倒れそうになる。つたい歩きをして、やっとの思いでテーブルの所に行き、椅子に腰を下ろしたが、次第に右手右足の爪先から痺《しび》れて来たのである。

「これは大変だ。どこまで行くんだ、止まれ止まれ、止まるんだ！」

と呼びかけても、痺れは進行して、全身にひろがってくる。その時、多比良さんはこう思った。人間はこのようにして過去の業を背負って行くのかな……しかし彼は、平成十年六月の団体参拝練成会に初めて参加して、帰宅してから、相愛会長、*地方講師*を受けた。これから「生長の家」を多くの人々にお伝えしてくらしたいと思っていた矢先だったので、大変動揺した。

一体、どうしたらよいだろう、と考えたが、とにかく聖経*を持ち、手を動かし、足をふりながら、心にヒラメクように「一念は岩をも通す」という言葉を思い浮かべた。

そのとたん、ああ、そうだ、一心に神様、仏様にお願いしようと思い、

「神様、仏様、よろしくたのみます。お願いします、たのみまっせ、おねがいします！」と、一心に「実相円満完全」を近くのテレビの声に負けないように唱えたのであった。するとと「業はない、現象はない」という教えが思い浮かんだ。と同時に不安や恐怖が消え去り、不思議に落ち着いた気持にかえることができたのであった。

実相は完全である

それからもさらに「実相円満完全」を唱え続けた。その日の朝の七時四十分ごろには、家には輝光さん一人だけで、家族の人々は皆仕事に出て留守だった。そんな条件の中で、独《ひと》りで「実相円満完全」を唱え続けた。そしてフト気がつくと、あれほど「止まれ」といっても止まらなかった痺れの状態が、いつしか感じなくなり、逆に痺れが引いて行くような感じだ。それでもまだ「実相円満完全」をひたすら唱え続けていると、やがて指先だけがチカチカとするだけになった。

こうして夕方になって奥さんが帰宅されると、近くの大津留《おおつる》外科・胃腸科医院に行って診察してもらい、ＣＴスキャンをとってもらったりして、脳内をしらべてもらった。すると脳内出血はなく、正常な状態だという診断だった。さらにくわしく脳内の構造の説明な

ども聞いたが、どこも異常がないというのだ。しかもまだ若い脳をしている、これからも大いに頑張りなさい、と逆に激励されて、

「このような症状の時は、普通なら少なくとも半年ぐらいは通院・リハビリが必要なんだけれども、あなたの場合は大丈夫でしょう」

というのである。家から診療所までは約八百メートルあり、来る時はタクシーに乗って来たが、

「帰りはどうします？」

と聞かれるので、

「先生からも激励されました。私も頑張ります」

といって、歩いて帰宅した。輝光さんは子供の頃からヤンチャで、スポーツ好きで、負けずぎらいだったが、「生長の家」にふれて「実相は完全円満であり、不死・不滅のいのちである」ということを知らされ、又コトバの力の大切さも身をもって体験されたというのであった。

その後も多比良さんはお元気で大活躍をしておられるが、この団参での体験発表でも次のように強調された。

『神はすべてのすべて、吾れ祈れば天地応《こた》え、吾れ動けば宇宙動く（「実相を観ずる歌」*の一節）とありますように、神様より無限力を頂きました、ありがとうございます。これからは「神の子・人間」を自覚しまして、人類光明化、菩薩行、愛行に努めさせて頂きます。ありがとうございます』と。

全ての者は「神の子」であり、無限力の持主であるが、多くの人々はその無限力を色々な形で制約し、自己限定して、そのごく一部しか現し出していないのである。肉体的生命力もそうだが、家庭内でも、職業においてもそうである。最初に紹介した小宮一慶氏は、同論文の中で、「弱者」を救済することは否定しないとのべて、

『しかし、今の日本では「弱者」と「怠慢者」が同一に論じられているきらいがある。「弱者」とは、どんなに努力しようが、今の科学や制度などでは、自分の力で生きてゆくのが難しい人たちのことだと思う。そういう人たちには、大いに手を差し伸べよう。しかし、自分ができる努力を十分にすることなく、社会からの援助を求める人々にまで社会は手を差し伸べる必要があるのだろうか』

と疑問を呈しておられる。人は内在の力をできるだけ現し出し、この人生を美しく楽しく彩色するために、この地上という大劇場の舞台に出場した。そこで怠けたり、開き直っ

て文句ばかり言い、他からの援助を求め、そのための道具として、武器や凶器、そして又屁理屈や情実を利用するような〝アドリブ専門の役者〟となってはならない。

「奪う者は、奪われ、与える者が与えられる」

という万人共通の厳しい法則があることを忘れてはならないのである。

＊本部＝東京都渋谷区神宮前一−二三−三〇にある、生長の家本部会館。

＊総本山＝長崎県西彼杵郡西彼町喰場郷一五六七にある生長の家総本山。

＊団体参拝練成会＝団体で各教区ごとにまとまり、参拝し受ける練成会。略して団参ともいう。練成会とは、合宿して教えを学び、実践する集い。

＊飛田給の練成会＝東京都調布市飛田給二−三−一にある、生長の家本部練成道場で、開かれている練成会。

＊相愛会長＝生長の家の男性のための組織・相愛会の単位組織の長。

＊地方講師＝自ら発願して生長の家の教えを居住地で伝える一定の資格を持ったボランティアの講師。

＊聖経＝『甘露の法雨』を始めとする生長の家のお経の総称。他に『天使の言葉』『続々甘露の法雨』『聖使命菩薩讃偈』などがある。（日本教文社刊）

＊「実相を観ずる歌」＝谷口雅春作詞、『生長の家 聖歌歌詞』参照。（日本教文社刊）

二　感謝と悦びの生活

1　何をどう信ずるか

偶然ではない

人はいろいろなキッカケで信仰に入るが、これを〝偶然〟の一言で片付けるわけには行かないのである。なぜなら、もし〝偶然〟でそうなるのなら、この人生は「何を信ずるか」で、天と地ほどの差が生ずるからだ。変な宗教に引っかかって、「人殺し」までやった実例も報告されて、今もまだ長期の裁判沙汰になっているのも〝偶然〟か。唯物論も一種の信仰だから、これを信じて、赤軍派に入って大変な事件を引き起した人たちもいる。

そのような人生の大事件が〝偶然〟で起ると思うのは、どうしても不合理である。これでは人間が〝偶然〟の奴隷となってしまい、自分が自分の人生を選ぶという根本が崩れてしまうからである。例えば私の場合戦時中軍隊に召集され、島根県の浜田にあった陸軍病院（当時）に入院した。するとその病棟の大部屋の、私の与えられたベッドの向う側にいた上等兵が、しきりに『生命の實相』*を読んでいたのである。この話はいくども書いたから、聞きあきた人も多いだろう。しかしその本を私が借りて読んだのが、私が「生長の家」にふれるキッカケだった。その時私は彼が読んでいた本が小説本だろうと思って借りたのだが、それは〝小説〟ではなくて「大説」だった——

こうして私は「人間は神の子である」という信仰に導かれ、今もなお八十四歳をすぎてもまだ健康で伝道生活を続け、孫も十六人与えられているが、入院当初は「もうすぐ死ぬだろう」と思っていた。もしそのまま『生命の實相』を知らないでいたら、たしかに肺結核で死んでいたにちがいない。しかし本を「読んだ」というだけではダメであるのは、件《くだん》の上等兵が、その後信仰を失った状態で、私と一緒に入った傷痍軍人療養所で死んでしまったからである。

たしかに不思議な〝縁〟で入信するということはあるが、〝縁〟とは助因と言って、原因の中の一つであり、〝補助原因〟ともいう。やはり自分の持つ何らかの原因から入信するのであって、〝縁〟は外見上ふとした機会で現れてくるものだ。例えば平成十四年七月二十日に、総本山の団体参拝練成会で、山口県新南陽市新堤町《しんなんようししんつつみちょう》に住む原田文江《ふみえ》さん（昭和二十二年六月生まれ）が、次のような体験を話して下さったことがある。

忙しくても

文江さんは昔、両親の反対を押し切って、原田昭義さんという人と結婚した。彼女は家を出る前に、父が「うちの財産はやれない。もし財産が欲しいのなら、財産のある所へ嫁に行ってくれ」とおっしゃったが、彼女は「財産はいりません」といって家を出たのである。

そして無事長男さんが生まれたが、その後次の子を六ヵ月で流産した。文江さんはとても危険な状態となって入院したが、それまでに実家の母が「生長の家」に入信していた。文江さんはそんな事は何も知らず、姉さんも同じく入信していた。しかし文江さんは家を出る時、親が反対するので、仏壇の前でちょっとご祖先に挨拶をして出ようと思った。するとその仏壇の前に、母が誦げていた「聖経」が置いてあった。それが目についたので、文江さんはフト「これを親の形見にしよう」と思って、黙ってもらって家を出たのである。

その後文江さんが流産して身体の具合が悪くなった時、ある日姉さんが病院に見舞に来て下さった。その時谷口雅春先生*のご著書『女は愛の太陽だ*』を持ってきて下さった。当時二十五歳だった文江さんはそれを読み、とても感動した。そして自分も「生長の家を信仰しよう」と思い、近所の人を訪ねてすぐ『生命の實相』四十巻を求め、毎日、まるで徹夜するようにして読んだのである。

するとどうしてもやめられない。四十巻を三回も読みまくったというから、ずいぶん「生長の家」に引きつけられたに違いない。その結果、原田さんの家庭はたちまち大調和した。全ての人を「神の子」として拝む気持になるから、そうなるのも当り前だろう。こうしてやがて次男さんが誕生した。流産した時医師からは、「もう子供は産めませんよ」と言われていたのに、彼女は「神様から授かった子供だから大丈夫」と信じ切っていた。勿論毎朝「神想観」を行い、聖経の読誦も続けていた。

さらに次男さんの出産は〝無痛分娩〟だったのである。この子の誕生と共に、夫が「商売をしたい」と言い出されたので、文江さんはハイと答えてついて行ったが、その商売が忙しかったものだから、つい「生長の家」の本を読んだり、神想観をしたり、聖経読誦することなどもおろそかになった。そして八年ほどして、夫は突然「商売をやめる」と言い出されたのである。

文江さんが「生長の家」から遠ざかったのはまことに残念なことだ。最近は女性の働く人も多くなり、「忙しい」という人は多いだろうが、やはり信仰生活は続けなくては「神の子・人間」のいのちが悦ばない。人はいくら忙しくても、食事をしたり、息をついたりすることを忘れはしない。忙しくて忘れたとなると、身体が持たなくなるが、それと同じように、心もまた真理の呼吸を忘れ、真理の食事を忘れてしまうと、本当のいのちの悦びがなくなってしまう。つまり〝味気ない生活〟に陥るのである。

借金のこと

さて夫が商売をやめた後には借金が残った。しかし原田さん親子四人は、心を合わせてその借金を返そうと努め、朝は新聞配達をしたりした。そのうち昭和六十年四月になると、実家の父が昇天された。文江さんは実家の財産は何一つ貰うつもりはなく、三人の姉さんたちもみな揃って財産放棄をされたのであった。

するとそのことに夫の昭義さんは不満だった。

「借金があるのに、何で貰わなんだか」

と怒られた。そんなこともからんで、夫婦の心が離れて行き、夫には若い彼女が出来たのである。その女の子はまだ二十歳そこそこで、四十になろうとする夫とはだいぶ歳の差がある。しかし、そのようなことはあまり障碍《しょうがい》にはならないようだ。けれども文江さんは心配だから、氏神様にお詣りに行き出した。そして、

「幸せになりますように……」

と祈ったというが、「生長の家」の信仰を取りもどし、神想観をし、聖経読誦を続けることの方はどうなったのだろうか。

そんなことから翌年に、原田さんご夫婦は離婚することになった。しかし文江さんとしては、彼と彼女の幸せを祈って上げようと思ったと言われるから、普通の人の離婚よりは、だいぶおだやかな心境であったようだ。そこで別れる時、文江さんと昭義さんは握手して、

「お互いに健康でガンバろうね。幸せを祈りますよ」

と言って別れたということであった。それまで文江さんは事務的な仕事をしていたので、子供二人を連れて一所懸命働いた。すると実父が死亡されたあとぐらいから、文江さんの身体の具合が思わしくなくなってきたのである。身体がとても重く感じ、足を引きず

るようにして、窓のブラインドでも両手でやっと持ち上げるような状態だった。そして平成十年の八月に定期検診を受けると、再検診され、徳山中央病院に行って、「心臓弁膜症」と言われた。

文江さんは、やっと今までの身体のだるさやつらさの原因が判った気持がした。そしてその時「生長の家」で聞いた「心の法則」のことを思い出した。心が肉体や環境に現れて来るという法則だ。ことに愛情問題は心臓に関係する、つまり象徴されるから、夫婦の離別などは、文江さんの心臓にも強くこたえたのであろう。

そこで彼女は色いろと反省してみたが、私はあれもしたし、これもした。善い事は一所懸命やってきたつもりだが……と思い悩むのだった。その時山口県には〝松陰練成道場〟*というのがあるのを思い出し、文江さんは一般練成会を受けに行った。するとその時の講師の方が、「和解の神想観をして治った」という話をされた。

それを聞いて、「あゝ、これだ!」と思ったのである。文江さんは毎日胸が苦しくて、寝ていても「果してあした目がさめるかしら」という気がしていた。この苦しみの原因が思い当るような気がした。即ちそれは夫婦で商売をして借金をしたのだが、その時彼女は夫の連帯保証人になっていた。その借金が十五年たってから、彼女の方に支払うように求められて来たのである。

和解と祈り

この件は裁判にかけられた。別れた夫は子供の養育費も払わず、文江さんが子供を育てたのに、借金の方まで私のところへ持って来るとは――そんなことから彼女は昭義さんに腹を立てていたのである。そこで早速昭義さんに対して「和解の神想観」をやり始めた。

「私は、貴方を赦しました。貴方も私を赦しました。……」と繰返し祈念した。

「貴方と私とは神において一体でございます。

私は貴方を愛しております。貴方も私を愛しております。私は貴方を愛しております。

貴方も私を愛しております。……」（『新編 聖光録*』一二二頁参照）

こうして平成十四年の二月に徳山中央病院に検診に行ったところ、担当の医師が、

「心臓弁膜症は治っています」

と言われた。びっくりした文江さんは、嬉しくてたまらなかった。現在文江さんは、元気一杯、喜び一杯で白鳩会支部長*として「母親教室*」を開催し、さらに地方講師としても大活躍をされているという体験発表であった。さらに文江さんの「母親教室」には、次男

さんの奥さんも、参加しておられるということである。

　このような「心の法則」は、ただ単に相手と和解すればよいというだけではなく、同時に「業の法則」でもあり、善因が善果を、悪因が悪果をもたらすから、文江さんの場合にも色いろと善い行いをされ、しかも誰もうらまず、感謝の生活を送られたことが、一面では病気の治癒としても現れて来たと思われる。

　さらに又この日の総本山の〝団参〟練成会では、永野雅子さん（昭和十七年十月生まれ）が、次のような心臓病に関する体験を話して下さった。雅子さんは高知市針木東町《はりぎひがしまち》に住んでおられて、ご主人は和宏《かずひろ》さんという印刷会社の社長さんである。

　平成十三年六月十九日のこと、和宏さんは「心房中隔欠損症」という心臓の中隔に孔のあく病気で、高知市立市民病院で手術をうけた。九時間にもわたる大手術も無事に終り、手術後の経過も順潮で喜んでいたところ、三日後の二十二日にご主人の様子がおかしくなった。呂律《ろれつ》が回らなくなり、「目が見えない」と言われる。

　病院の医師は驚いて、すぐに高知医科大学の脳神経外科の医師が呼ばれ、診断の結果、脳梗塞を起していることが分かり、早速救急車で高知医科大学病院に入院した。くわしい検査の結果、左の頸動脈《けいどうみやく》が完全に詰まっていて、「左目は失明することを覚悟して下さい」

と言い渡された。

　永野さんご夫妻は茫然自失した。何ごとにも興味を持つご主人が、もし目が見えなくなったらどんなことになるだろう。そして会社の将来はどうなるか――と胸が一杯になった。しかし何故かおなかの底から、

「私には生長の家がある！」

　という思いが湧き上がってきた。彼女は昭和五十八年から入信していたので、高知市内の岩井講師に遠隔思念をお願いした。そして三男と四男とその婚約者と共に別室で『甘露の法雨』を読誦した。和宏さんは当時六十一歳だったが、三十歳ごろにも、中隔欠損症だろうと言われたことがあったそうだ。夜、家に帰る時も婚約者の娘さんは、

「お母さん、そのお経を私に貸して下さい。家に帰ってからも、読ませて頂きます」

　と言ってくれた。病院で一緒に読誦した時も、何時間か分からなかったが、声がかすれると、『真理』*の第九巻を夢中になって読んだ。入信して以来二十年近くなっていたが、こんなに真理のコトバが胸にしみたことはなかったくらいだった。

　夜が明けて、翌朝集中治療室へ行くと、医師から言われた。

「目が見え始めましたよ。良かったですね」

看護婦さんが、患者の枕の下に敷いてあった『甘露の法雨』の写経を見ながら、

「奥さんの心が通じましたね」

と言って下さった。三日間集中治療室にいてから個室に移り、十日後に手術後の治療のために市民病院に転院し、その一ヵ月後に退院することができた。

中心帰一について

退院後も医科大学病院で検査をしてもらったが、MRIの検査の結果、医師からは、「無罪放免！　頸動脈の詰りは完全に解けています。しかし、こんなことがあるんですね。医学的にはあのような状態で、毛細血管までつまっていたものが、元通りになるなんて、考えられないことですよ」と言われたのであった。

それまでも雅子さんは、ご主人が社長である印刷会社で、専務の仕事をしておられたが、夫のやり方が繁栄の法則に適っていないのじゃないかと、心の中で審いていた。〝中心帰一〟ということは、頭では分かっているし、行じているつもりだったが、どうしても〝心から中心帰一〟とまでは行かなかった。アンデルセン（Andersen）というデンマークの童話作家の書いた物語に、「おじいさんのすることに間違いない」と言って、いつも夫の

やったことをその通り真っ正直に受けとり、感謝していたおばあさんの物語があるが、こんな心境にどうしたらなれるだろうと苦心する毎日だった。

しかし今度の夫の発病と入院の事件によって、雅子さんは「夫が生きていて下さるだけで有難い」という気持になることができた。夫の存在そのものが社長であり、わが家の大黒柱なのだと気付くことができたのだ。こうして今までの夫に対する不平不満が、すっかり消えてしまったのである。

夫を看病していた二ヵ月間は、会社のことは従業員と息子さんに委せ切っていた。ところが不思議なことに、この不景気な時代にもかかわらず、資金繰りにも全く困らず、むしろ年末には銀行の方から、

「奥さん、貸し付け枠を、何とかしましょう」

と申し出てくれるくらいであった。従業員も、〝社長の留守を皆で護ろう〟と、一丸となって働いてくれた。今まで夫のことを、気難しい人、妥協のない人と思っていたが、そのおかげで従業員の皆に、イザという時にも、仕事に対処する力と智慧とが付いていたのだと、心から感謝する気持になった。すると夫もまた、

「皆のおかげだ、ありがとう。あなたもよく頑張ることができたね」

と感謝して下さった。又末の息子（四男さん）も平成十四年の六月に、一緒に『甘露の法雨』を誦げてくれた女性と、幸せな結婚生活に入ることができた。雅子さん自身も現在白鳩会の支部長であり、地方講師でもあり、大いに「生長の家」の誌友さん拡大等に生き*いきとして活躍しておられるのである。

＊『生命の實相』＝生長の家創始者・谷口雅春著。頭注版・全四十巻。愛蔵版・全二十巻。昭和七年発刊以来、累計一千九百万部を数え、無数の人々に生きる喜びと希望を与え続けている。（日本教文社刊）
＊谷口雅春先生＝昭和六十年、満九十一歳で昇天。
＊『女は愛の太陽だ』＝谷口雅春著。（日本教文社刊）
＊松陰練成道場＝山口県吉敷郡阿知須町大平山一一三四にある、生長の家の練成道場。毎月各種の練成会が行われている。
＊『新編 聖光録』＝全神示を冒頭に、神想観や浄心行、誦行などの行法の全てを網羅。信徒の心得べき要目一切を手軽な文庫判におさめた生長の家信徒必携の書。（谷口清超監修、生長の家本部編）
＊白鳩会支部長＝生長の家の女性のための組織・白鳩会の単位組織の長。
＊「母親教室」＝生長の家白鳩会が全国各地で開いている、母親のための真理の勉強会。
＊『真理』＝谷口雅春著。現在は『新版 真理』（全十一巻）として発刊。（日本教文社刊）

＊誌友＝生長の家の月刊誌を、定期購読している人。

2　何のために働くか

富はふえる

人が次第に成長すると、どうしても何かの仕事につかなければならないという気持になる。そこで何か職業を選ぶのだが、中には先祖伝来の財産で食って来たという人も、昔はいた。ことにヨーロッパの貴族たちは、そのような生活を送った時代もあるが、現代ではこれも少なくなった。ことに現代日本では、多額の相続税や累進《るいしん》課税のために、一億国民は中流階級化して、遊んで食って行ける人などは、ほとんどいなくなったのである。

しかし人間は本来「神の子」としての無限力を持つ者であるから、その力を何らかの形で現したいと思う。そこで何かを作り出し、自立し、家族を養い、国や社会に貢献したいと思うようになる。これが人間本来の特性なのである。そこで世界の富は、人口の増加よりもはるかに増大して来たといえる。よくある人口の増加が富の分け前を減らすという考えはおかしいのであって、人間一人は平均して自分が食べたり着たりするだけのもの以上の富を作り出すという考えが正当であろう。

事実大抵の人々は死後にいくらかの遺産や遺品を残してあの世に旅立つ。残したのは「借金だけ」という人はいない。たとえ借金や負債が残されたとしても、それは故人の「信用」という遺産の証文であり、人々の記憶に残った父母の思い出は、大いなる宝物として、それをもとにした文学が作られたり、子や孫の「努力」の〝起爆剤〟となったりするのである。

ことに「神の子・人間」の信仰が伝えられると、それは子供たちにとって幾億兆円の遺産よりも大切な「打出《うちで》の小槌《こづち》」となり、人生を明るく幸福に送る原動力となるのであるから、金銭的な価値や名誉をはるかに超えるのだ。従って、この魂的な宝物を何よりも大切にして、それをどのように現実生活に表現し、展開し、拡大して行くかを考えなくてはならない。単なる金もうけや、カッコウのよい生活ぶりや、地位名誉を第一に考える段階から「卒業」しなければならないのである。

左遷的コース

かつて大蔵官僚などがワイロ的接待を求めたり、民間人も進んでその対策係り（ＭＯＦ担）を作ったりしたと報道されたが、その理由として彼らは「官僚は月給が安いから、せめてこのぐらいはよかろう」といういやしい考え方だったという話だ。吾々からみると、政治家や官僚の月給や年俸が安いなどとは思えないが、不足、不足と考え出したら切りがない。そこで退任後の〝天降り先〟の計画が始まり、それらが民間の関連会社の幹部に納まり、官民の癒着や情報の売買が始まるという有様だ。

この点、私の実父（荒地清介）などは、このようなワイロ的やり取りくらい嫌いなものはなかったようで、長年裁判所の判事をしていたが、上官にオベッカや贈物などをしなかったためか、次第に左遷されたようだ。私が生まれた時は広島市にいたが、次に四国の今治《いまばり》の区裁判所に移され、そこから山口県の萩市に異動させられた。萩は父の生れ故郷であったから喜んで赴任《ふにん》したらしい。私の小学二年生のころであった。小学四年まではそこにいて、私はとても良い先生に教えられた。仏教（真宗）の僧侶で同時に教諭であった人で、日曜日にはお寺で日曜学校を開いていた。毎週私もそこへ行ってお経などを読んだおぼえがある。

今治（又は玉島）でも不思議なことに、キリスト教会に通った。姉が私をさそって、小さな教会に連れて行ってくれた。とてもよい牧師さんだったように思うが、ボロのオルガンで讃美歌をうたった思い出がある。要するに私の父母は宗教の区別はつけなかったようだ。墓は真言宗の墓が、萩の沖原に今も残っている。お位牌は浄土宗のお寺におさめてある。

さてそれから父は、萩から岡山県の玉島の裁判所に転勤した。私が小学校四年の時だったが、そこでも代々判事さんの入る借家住まいをした。従って私は玉島の小学校を卒業すると汽車通学をして、岡山一中に通った。しばらくすると父は又四国の遠い岬の彼方にある裁判所に異動するようすすめられたらしいが、母がいやがったので、公証人となり、北九州の小倉に引っこした。そこをやめてからは山口市に隠退して、私が軍隊に召集され、発病して陸軍療養所に入所している時昇天された。死に目には会えなかったが、つくづく、もっと親孝行をしておけばよかった、相すまぬことであったと感じ入ったものだ。というのは、そのころ私はすでに『生命の實相』を読み続けていたから、そんな気持になったのである。

この父は生前私によく「官吏になるよりも技術者になれ」とすすめてくれた。父は東京帝大（今の東大）の法科を出ていたが、私には工学部へ行くとよいといった。しかし強制されたわけではないから、旧制高校のころの私は哲学書や文学書を読んだりして、何となく工学部よりもやや文科的な心理学の方がよかろうと思って、文学部に入った。やがて終戦後谷口家の養子となり「生長の家」を専門的にやるような運命になって行ったのである。

就職から退職へ

私が陸軍療養所を全治退所して上京し、本部に就職した時、当時の（今でいうと）理事長に当たる人の質問に「食べられるだけでよい」と答えたら、「その食べることが、今は難しい……」と言われたことがある。終戦直後のことで、東京は一面の焼野が原だったから、当然のことだろう。職員たちは空き地に麦を植えたり、カボチャを作ったりしたものだ。そのころを思うと、現在の日本には物資や食糧はありあまっているが、人間の心はとかく物や金に集まり、就職といっても「地位・金・世間体」などに引きずられがちで、本当の生き甲斐を「神のみ心」の中に見出すことなどをおろそかにしているように感ぜられる。しかし中にはこんな人もいる。

平成九年七月十三日に、富士河口湖練成道場*で行われた練成会で、北島修二さん（昭和四十六年五月生まれ）は次のような話をしてくれた。彼は平成八年の二月まで、ある流通業の会社に勤めていた。その会社には二年間勤めたが、その間二回の転勤と三回の人事異動を経験したという。そして最後に配属された所は営業本部の販売促進課の主任というポストだった。物を売るのが仕事の会社だったので、店の売出しのチラシを作ったりした。新聞に折り込んであるチラシのようなものだ。

この会社ではそのための経費が年間十億円くらいで、彼の促進課には、課長ともう一人の女子職員との三人であった。そこで毎週一種類のチラシを作るのに、一千万円くらいかかった。主任だった彼にはその仕事がまかされていた。入社一年半の彼は大変やり甲斐を感じて毎日ハリ切って仕事をした。大したミスもなく順潮に進み、人間関係も大変良好で、課長や部長にも可愛がられていたのである。

その頃北島さんは母（リツさん）を通じて、生長の家を知った。彼は公立高校を出て、国立大学にストレートに入学し、会社に就職してからも、半年ごとに昇格した。そのような北島青年は当時東京都昭島《あきしま》市玉川に住んでいたが、母の信仰については否定する気持はなく、ただ自分のような仕事の人間には必要がないくらいに考えていた。だから生長の家を生活に生かそうなどとは、思ってもいなかったのである。

ところがその後半年ぐらいで、彼はその環境から逃げだすようにしてやめてしまい、父母の住む東京の家に帰って行った。平成八年の二月のことだ。その後三ヵ月たって父が入院した。父の病気は春先からこじらせていた風邪だと思っていたが、一ヵ月入院して検査した結果、肺癌であるとの診断だった。しかも病状は極めて重く、末期癌で各所に転移していたので、もはや手がつけられない。長くて二、三ヵ月のいのちだろうということであった。

心とチャンス

そのような危機は、つねにある種のチャンスでもある。長年生長の家を信仰していた母のたっての願いにより、北島さんは河口湖の練成道場で行われた一般練成会（平成八年六月）に参加した。その時は、何とかして父親を助けたいという思いがあったので、はじめから一所懸命で色々な行事を行った。やがて十日間の練成会が終り、家に帰り、一ヵ月ぐらい父の看病に専念した。しかし父は昇天されたのであった。

こういう時、多くの人にとっては大別して二つの傾向がある。何だ、人間は生き通しであるというのに、死んだじゃないか、生長の家も利《き》き目がないな――といって、無関心になるか、別の道に走る人々と、そうではなく、より一層信仰を深めて、人間・不死・不滅とは、何もこの肉体が死なないとか、病気が治るとかということではない。神様の創造された本当の実在界は完全円満で、死もなく、病《やまい》もなく、老《おい》もなく、貧乏もないと自覚することだ。それが本当の信仰の大道だと会得《えとく》して大安心に到る道である。

ところが北島さんは、再び河口湖の練成道場に姿を現した。そのきっかけは、六月の練成会に参加した人々が、ここで同窓会のようなことをやろうというので、呼び出されたからだった。しかし彼は父を亡くしてから、一旦は生長の家から気持が離れてしまい、第一のコースを歩もうとしていたのである。しかし同窓会のさそいがきっかけとなり、何か心に残った思い出があるので、道場に行き、さらに九月からは道場の研修生として奉仕生活をすることになったのである。

一口に同窓会というと、やってもやらなくてもよいような会合もあるだろう。しかし中にはそれがきっかけとなって、よい方向に向かい、失意の生活から立ち直ることもある。どんな会でも、物でも、道具でも、それが良い方向に使われることもあるし、良くない方向に利用されたり、誤用されたりすることもある。友人でも、クラス会でも、刀でもナイフでも、車でも同じことが言える。かつてのニュースでも四輪駆動車に少年たちが十人も乗って、ジグザグ運転をして転倒し、死傷者を出したと報道された。定員五人の車に十人乗ったというようなあやまちが、このような結果を引き起すのであって、四輪駆動車が悪いのでも何でもない。

朝の時間を生かす

北島さんはこうして河口湖練成道場に縁が結ばれたが、それまでの彼は会社時代の心の傾向を引きずっていた。即ち完全な〝夜型人間〟だったのである。しかし道場生活を始めると、「朝の時間を生かせ」という教えに従うから、完全な〝朝昼型人間〟が要求される。人は〝朝昼型〟だろうが〝夜型〟だろうが、大したことではないと思うかも知れない。しかし人間の肉体も動物学的な組織であり、夜型と昼型との区別がある。そして人々は古来太陽と共に起きて働き、日没と共に家に帰って、休みかつ眠る生活を続けた。多少その間に時差はあっても、〝夜型人間〟は健康的生活が送りにくく、エネルギー消費量も大幅に増大する。さらに精神的には浪費や不法行為、さらには「闇取引」にもさそわれやすくなる。人が「闇取引」を善とみとめないのは、闇という言葉のひびきにもよるが、「昼取引」を悪と結びつけることがないような、人間の本質に由来しているからである。

そこで人はなるべく「朝の時間を生かす」ことが大切で、昔から「朝起きは三文《もん》の得」ともいった。健康にもよいし、仕事にも、勉強にも、スポーツにも、そして人生修業にもよい。これを幼少時から継続するのがよいが、現代人はいつとはなしにこの習慣が崩れて来た。職業によっては夜間勤務も必要だが、これは大変ご苦労の多い仕事である。感謝の外はないが、子供や生徒たちにはできるだけ昼型生活、さらには「朝の時間を生かす」ことをすすめて、「朝寝坊は自然に反する」ことを教えてもらいたい。人間生活は大自然に逆らっては、決してうまく行かない。太陽を遠ざけるに従って、人生の坂道は下る一方になる。それ故、『生命の實相』第七巻には、〝幸福生活の秘密〟という副題で、「朝の時間を生かせ」という〝小見出し〟で、こう説かれている。

《この『生命の實相』の大部分はおおかた朝の一、二時間に書かれた。この時間はわれわれが眠りより意識の世界に誕生した時の最初の産《う》ぶ声をあげる時なのである。われわれは無意識の世界——いっそう大きな啓示の大本源の世界——からじょじょに意識の世界へと移動しはじめるのである。まだ無意識の世界から意識の世界への架け橋は落ちていない——

この時間は特に印象深く、いっそう大きな啓示の世界から豊かな啓示が流れ込んで来るのである。諸君よ、この『生命の實相』の原稿はかくのごとくして書かれたのである。（中略）朝の時間を利用するものは一日を生かすのである。毎日朝の時間を利用するものは生涯を生かすのである。

朝の時間の不思議な特色はしばらく物質世界との関係が絶えているということである。心が非常に自由な、自然な、有形の世界にとらわれない伸び伸びとした状態にあるということである。この時間はわれわれの心のカメラがいっそう無形の世界の方へ向いていて、われわれ自身以上の英知者からの指導を受けやすいということである。

愛する誌友諸君よ、諸君自身が「生長の人」であることを欲し、諸君の家庭が「生長の家」であることを欲するならば、この朝の時間を大切にせよ。多くの世界的の偉大なる仕事がこの朝々に芽生えたものであることを知るものは幸いである。》

さて北島さんは練成道場でかつての〝夜型の生活〟を廃し、「朝の時間を生かす」生活を実践して行くうちに、ごく自然に今までの考え方が変わって来た。特に「人間のすばらしさ」の自覚が目ざめたのである。その「すばらしさ」は、他人と比較した所にあるのではなく、自分の個性そのものが立派なのであり、それが「神性・仏性」であるということだ。他とくらべての学歴、地位、財産といったものではないと気づいた。会社をやめたころの心境を考えると、その頃の彼はいつも他人と比較していた。実質的には課長と彼と二人で切り回していたが、課長は仕事のよくできる人で、彼より十歳年上だった。ところが北島君はその課長よりもうまく仕事ができない自分が、どうしても赦せなかった。その対比する心が、優等生タイプだった彼の中にいつしか〝劣等感〟を作り上げた。心の目が縦型でなく横型で、他人と比較してばかりいた、そこに気づいたのであった。

そこで六月の練成会では「父親を助けるため」という、やはり横の目で物を見、行動し、信仰を求めていたのだ。けれども、その時の練成が、自分自身の本質や、今までの考え方、物の見方の誤りに気づくきっかけとなった。〝劣等感〟を捨て去り、神の子・人間の個性と本性のすばらしさを自覚することの大切さが判ったのである。

父親の死も、彼にとっての大きな教訓であった。そのことが次第に道場生活で会得され、現象界の相対的価値感から脱出して、真の「自由人間」となり得たのであった。こうして平成九年七月一日からは、さらに道場の職員として生活することになり、練成道場の大切な使命に奉仕すべく、現在（平成十五年八月）は河口湖練成道場の練成課で働いておられるのである。

*富士河口湖練成道場＝山梨県南都留郡河口湖町船津五〇八八にある、生長の家の道場。毎月各種の練成会が行われている。

3　天知る、地知るの話

正しいこと

新しい年が明ける。新しいということは、何でも気持のよいものである。新しい机、新しい友、新しい畳、新しい仕事、新婚生活……だがしかし、ただ〝新しい〟というだけではまだ充分ではないようだ。一体何が足らないのだろう。平成十四年九月一日の『讀賣新聞』に、埼玉県朝霞市の高橋和生さん（40）が、こんな投書を出しておられた。

『長女が小学二年生のある日、帰ってくるなり「ママ、天知る地知る我が知るって知ってる?」と聞いてきた。「えっ、天使?」。私が知らないとみると、とてもうれしそうに解説を始めた。

当時、長女のクラスでは上履きが無くなる事件が多発しており、業を煮やした先生が、子どもたちに教えてくれたのだった。初めて覚えた「大人の言葉」が何よりうれしかったようで、得意げに娘は力説する。

後に辞書で見てみると、「天知る地知る我知る人知る」とあった。まるで早口言葉のようなことわざが私もすっかり気に入り、以後子育ての指針としている。

だれも見てないからバレないと思っても、天や神様が見ているし、何よりも自分自身が知っている。悪事は必ず露見する——。政治家の不正や企業の偽装事件が起こると、自然にこの言葉をつぶやいてしまう。

これは昔から言われていた諺で、「天知る地知る子知る我《われ》知る」とも言う。『後漢書』によると、後漢の楊震《ようしん》という人は、人格高潔の士であった。東莱《とうらい》郡の太守となって赴任する途中、昌邑《しょうゆう》の宿舎に泊まった。するとこの県の県令《けんれい》である王密が夜ふけに訪ねてきた。誰もいないのを見はからって、金一〇斤《きん》をとり出し、楊震に〃お礼〃と称して贈ろうとした。というのは王密はその才を楊震に認められて出世した男だったからだ。心からお礼をしようとした。しかし楊震はこれを辞退した。すると王密は言った。

「これは賄賂《わいろ》ではありません。さいわいここには誰もおりませんから、ぜひお受け取り下さい」

するとと楊震はこう言った。

「ほかに人がいないと思っても、このことは天が知っているし、地も知っている。その上君も私も知っているではないか」

こう言って固く辞退したので、王密は自分の浅はかな考えを恥じて、引きさがったというのである。「天」とか「地」と言っても、物質の天や地のことではない。「神さま」ということだ。第一あなたと私とが知っているではないか——ということなのである。

エンマ様

私はよく年頭にあたって、「今年はウソを言わない年にしよう」と言ってきたが、平成十五年一月号の〝普及誌*〟『光の泉*』にも、そんなことを書いた。ウソをつくと、自分が一番よくウソと知っているのだ。相手はだまされているから知らないと思うかも知れない。しかし「天知る、地知る、我知る」だ。それゆえ必ずバレルものである。今すぐではないが、自分が知っていることは、自分の身近にいる人びとには、自然に伝わってゆく。ジワジワと、ソロリソロリと、時間や歳月をかけて。しかもウソは次のウソ（子《こ》ウソ）を生み、その「子ウソ」はすぐ「大ウソ」に育つのだ。その大ウソはさらに大大ウソに育って行くこと、最近の青年達のように背が高くなり、すぐ親を追い越してしまうような具合である。

しかもこうしたウソは、根がふかいから、大樹のように育って、千年でも生きのびる。人間の肉体は百年ぐらいで死ぬが、ウソの方は千年も二千年も生きて、人間の次生《じしょう》（次の生れかわり）にも後生《ごしょう》（次の次からの生れかわり）にも出て来て、ウソつき人《びと》を苦しめるのである。本人（我）が自分で自分を審く。つまり〝自己処罰〟をして、大いに不幸となって、もだえ苦しむのである。

昔はこれをエンマ大王が「舌を抜く」などと言ったが、このごろはエンマ様はあまり知られなくなった。教えてくれる人もいないし、エンマ寺《でら》も次つぎに消えて行った。ただし「エンマ帳」というのはかすかに残っていて、学校の先生が生徒の行状や成績を書きとめておく帳面のことだ。時には警官の手帳のことも言った。

もともとエンマとは「閻魔」とか「閻魔王」といって、地獄の王様である。十八の将官と獄卒を統率していると言われた。このエンマ様は生前悪いことをした人をキビシク審くが、善い事をした人（坊さんなど）は手厚くもてなしてくれるとされたから、『業の法則』

『心の法則』の人格化したもので、おやさしい『観世音菩薩』のことでもある。これを知らぬ人があまりにも多いから、近来ますますウソツキがふえ、大会社や団体や、ウソツキ国家や官僚や政治家まで出没するありさまで、この世が地獄的になってしまったのである。

さらに語源を言うならば、梵語のYama rājaヤマラージャだから、閻魔羅《えんまら》とも書くし、閻羅《えんら》とも書く。もともとはインド神話にある正法の神であるYamaとそのお妃のYamiとの合体した陽陰の神であるから、善と悪、光と暗の全ての業（ごう）を含む『業の法則』『因果律』を指している。さらに、地蔵菩薩の化身なりとも言われ、出産を祈る修行も行われたのである。

ところが平成十四年九月一日の『毎日新聞』には、このような記事がのせられていた。「子育て相談ルーム」という欄に、東京都の二十九歳の女性の「夫婦の意見が異なる」時の質問と回答だ。

二つの意見

『方針の違う両親を持つ子どものことで、相談します。3歳の息子がいますが、夫は私と子育てに関する意見が全くといっていいほど合いません。極端な例として私が「うそをついてはいけない」と言うと、夫は「うそをついて、うまくいくならそれでいい」と言います。こういうふうにうそをつくといいと教えるほどです。こんなに方針が違う両親のもとで育つ子どもは人の顔色ばかりうかがうようになるのではないか、心配です。』

たしかに父母の意見が異なっていると、三歳の子供はとまどってしまうだろう。しかも「子育てに関する意見が全くといっていいほど合いません」といわれるから、もしこの言葉通りだとすると、子育てには全くよくないだろう。ウソの件ばかりではなく、食事のとり方から、シツケから何から何まで……まさかそんなこともないだろうと思われるが、どうしてそうまで異なったのか。どうしてそんな男女が結婚したのか、不思議だなということになる。

だから、少しは一致した意見もあるにちがいない。その〝同じ所〟をまず探し出して、夫婦がお互いに感謝し合うところから生活を立て直して行かないと、子供は順潮に育たないものだ。まずこの〝投書〟の文面にウソはないのかということをもう一度、チョットだけでも考えてみてもらいたいものである。

三歳児のしつけというのはとても大切で、子供の将来に大きく影響する。人はみな「神の子」で、正しい心、何をするのがよいかということは判る「神性・仏性」の持主だ。これは教育によって植えつけられるといった後天的なものではない。しかしその「神性・仏性」は、肉体的には潜在していて、表面に現れてはいないから〝知らない〟ことが沢山ある。コトバの使い方でも万全ではなく、ウソとホントとの区別も、まだしっかりついていない段階である。

だからウソはいけない、ホントを言うのが良いのだと、言葉の使い方をしつけるのは当然である。ところが妻がそう教えても、夫が「ウソをついてもいい」と教えたのでは、その区別（使い方の）がつかなくなる。父と母と、どちらの言うことが正しいのか分からないと、戸惑う年頃だ。もし私に対する質問だったら、以上のように答えたし、まだつけ足すこともあるだろうが、あいにくこの回答者はこう答えておられた。

『誤解されている方が多いと感じています。ことの程度はともかくとして、子育てに関する両親の意見が異なるのは、当然のことであり、そうあってしかるべきだと私は考えています。

家庭の中を統一された一つの意見や見解が支配している、そうした中で育つと、社会における意見や見解の多様性を受け入れがたくなる。つまり視野や価値観の狭い、共感力の乏しい人に育ってしまいます。

そのような脈絡は十分にあり得ます。お母さんが「うそをついてはいけない」と諭す。その場面に他の意見が介入するのは好ましくないに違いありません。しかし、その後のどこかでお父さんが、「まあ、つい、うそをついてしまうことがあるのも人間だよな」と語ってあげる。すると、子どもの心には、うそをついてはいけないという理念と同時に、時には理念を逸脱する場合もあり得るのだという人間的な幅の広さが培われます。

うそ、盗み、ごまかし。そんなことをしたときの心地悪さ、罪悪感はあえて厳しく教え込むものではありません。自分の心のあるがままを開ける子であれば、あえて教えなくても感じ取ります。そこにこそ、本物の節度、道徳観、正義感の目覚めがあります。

親の顔色をうかがう心は、厳しい追及や叱ったことの結果であり、思考停止という弊害をも招きます。意見の多様性は、むしろ思慮する力をはぐくみます。

うそをつくにはさまざまな理由があり、単純に良い悪いで線引きし断罪することはできません。それが人間の人間たるところです。

さてさて、あなたはうそをついたこと、ありませんか？　意見の相違を互いに認め合える懐の深い夫婦関係、築いてみたくはありませんか。』

父母の教育の大切さ

たしかに人は、ウソをつくこともある。しかしそのために夫婦がより調和したということはないものだ。人と人との交わりは〝信頼〟が基であって、「あの人はウソを言うから信頼しよう」とはならないからだ。この点については平成十五年一月号の『光の泉』には、医師からガンの宣告をうけ、それを本人には隠してウソの病名を告げたりした時の、兄弟夫婦間の心の悩みや葛藤などを書いたから、ついでに読んで下さるとありがたい。

しかし三歳児に対しては、「世の中には色いろの意見があるものだ」と「思慮が深まる」ことを期待するのは、未熟な柿を取ってきて、それを「さぞおいしいだろう」と思って食べるような期待にすぎないと思う。すべての教育は、適当な年齢にふさわしい姿で、ふさわしい人が教えてあげるものである。

ことにこの質問者の場合のような夫婦間は、どうもこの夫の方にウソをつくことがよくあって、妻のきびしい「ウソをつくな」という要求に困っているらしい。その心を三歳の息子さんのしつけの場面に投影している様子がうかがえる。だからこの回答者の意見は、きっと彼女の夫に「ああ、よかった」との安心感を与え、彼はますます「ウソをつく」ことで、その場をごまかす行為を繰り返すかも知れない。

何しろそれくらい日本の社会には〝ウソも方便〟的な一時のがれの習慣がみなぎり、政治家や食料生産業者の間にも、災害をもたらし、国民全体の利益と、日本国の名誉とを傷つけているのであり、「思慮する力をはぐくむ」とは正反対の結果を生み出している現状である。

とにかく子供にとって父母は、世間一般の人びととは違う立場にある大切な教育者なのだ。それは口先で押しつける教育ではなく、父母の行動で子供に「自然に伝える」というすばらしい形で教えるものだ。だから「夫婦の調和」と「感謝の姿」「さんたんし合う姿」が、子供の心には強く「人間の本心」たる「神性・仏性」を自覚させてくれるのである。これはあらゆる才能教育、音楽や舞踊、語学、絵画、数学等の教育と同じように、三歳ぐらいから始めると、すばらしい能力を開発することになるものである。

ほめ言葉の力

そのためには、子供や青少年ばかりではなく、夫婦でも親子の間でも「美点をみとめて、ほめる」ということが、実に大きな力を発揮する。例えばやはり平成十四年九月二日の『毎日新聞』には北原照久氏の次のような佐柳理奈さんの〝聞き書き〟がのっていた。

北原照久さんは「横浜ブリキのおもちゃ博物館館長」であり、一九四八年東京生まれ、青山学院大学卒で、全国七ヵ所の博物館の館長を務めておられる人だそうだ。

『3人の兄、姉は幼いころから勉強がよくできました。「お兄さんたちは勉強できるのに」って言われるのが嫌で、小学校では試験問題をわざと白紙で出したりしましたから、通信簿は体育以外は「1」ばっかり。両親は「この子は比較されるのが嫌なんだ」と分かっていたんでしょう。兄や姉とは違う中学校に越境入学させてくれました。

ところが、入ったのが受験校として有名だった千代田区の公立中学校。成績の悪い生徒ばかり集めたクラスに入れられ、いきなり「君たちは他のクラスの邪魔をしないでほしい」と言われた。すっかりやる気がうせ、学校に行かずに遊んでばかりいました。

3年生のときに問題を起こして学校から見放され、地元の中学校に転校させられましたが、母は僕を怒らずに「おまえはいろいろ悪いことをしているけど、たばこは吸わない。いいところがあるよ」と言ってくれた。救われました。

高校は自由な気風の私立男子校でした。入学して間もなく、3択式の試験問題で適当にマルをつけたら60点取れたんです。それまで60点なんて取ったことがなかったから、まぐれでも「すげえな」と思った。すると、担任の先生が「北原すごいじゃないか！　やればできるんだな」と、すごく感激して褒めてくれた。自分の取った点数でこんなに喜んでくれる大人がいることが心底うれしかった。

それからは、また先生に褒めてもらいたいという一心で猛勉強しました。小中学校の基礎がないので最初は丸暗記でしたが、少しずつ点数がアップし、先生が「すごいな」って喜んでくれるので、また頑張る。この繰り返しで3年間勉強を続け、ついに卒業時は成績トップになりました。

僕は教育には二つ大切なことがあると思っています。褒めることと、なぜ勉強しなければならないかを教えることです。勉強すればするほど自分にとって何が大切なのかが見えてきますが、勉強しなければ分かりません。たった一言でも子供はぐんと伸びることを大人たちは忘れないでほしいです。』

〝ほめる言葉〟はこんなに威力を発揮する。〝悪ガキ〟でも、母から「たばこを吸わない。いいところがあるよ」とほめられると、たばこどころかトップの成績をとったという。さきに紹介した二十九歳の女性の方の場合も、きっと夫にもすばらしい美点があるに違いない。そこをみつけて、ぜひほめてもらいたい。そして父母が仲よくなって、ウソなどつく必要がなくなった状態で、息子さんの美点を見つけ、明るい、楽しい、愛ふかい家庭生活を送り、日本や世界の役に立つ人造りや物作りをなさることを、心から期待するものである。

＊普及誌＝生長の家の月刊誌。「白鳩」「光の泉」「理想世界」「理想世界ジュニア版」の四誌がある。
＊『光の泉』＝生長の家の男性向けの月刊誌。

4　すばらしい未来へ

上り坂と下り坂

かつて私がいつも本部へ行く道を歩いていると、東郷神社の境内に行く上り坂の石段を、父に連れられて上っていた幼い男の子がこう言った。

「この石段は、上に登る石段だよね」

父がどう答えたかは聞きもらしたが、この子はいつもこれが上り坂の石段だと思っていたのだろう。しかしどの石段でも、上り専用とか下り専用という区別はない。平成十四年一月二十四日の『讀賣新聞』の「編集手帳」には、こんな記事がのっていた。

『映画会社の大映が経営難のころ、ワンマンで聞こえた永田雅一社長（故人）が、のちに伝説となるスピーチをしている。「わが社は目下、下り坂である。しかし、下り坂は上り坂よりラクである」◆聞いていた大映社員が思わず爆笑したと、女優の高峰秀子さんが自伝エッセー「わたしの渡世日記」に書き留めている。「貧すれば鈍する」というが、永田演説はその陽気な〝開き直り〟版だろう◆雪印グループも食中毒事件の影響で、業績は下り勾《こう》配《ばい》の坂にある。ブランドの傷つきついで、地道な顧客開拓よりは、不正な手段で業界団体に売りつけるのが「ラク」とでも考えたか。雪印食品が豪州産の牛肉を国産品に偽装していた◆狂牛病の全頭検査が始まる前に解体処理された牛肉は、国産に限って業界団体が買い取ってくれる。その制度が悪用された。買い取る費用は補助金、つまりは税金で賄われる。爆笑どころではない◆税金をかすめ取る行為に後ろめたさを感じないとは、思えば不思議でもある。（後略）』

ところで、この永田雅一氏のコトバは、実に面白い。ユーモアがあって、人々の心に希望を与えるではないか。もっともユーモアは必ずしも科学的に正確とは言えない。けわしい急な山道では、上り坂の方がむしろ安全で、下り坂は危ないということもある。後段のスノー・ブランド（雪印）の急落は、税金を金儲けの材料に使おうとしたのだから、どう弁明の仕様もない。

このような失敗は、やり方の上手下手ではなく、「業の法則」を知らない所に起因する。つまり、この世では善因が善果をもたらすが、悪因は悪果を生むしか仕方がないという「法則の無知」の虜《とりこ》となっていたということである。

ムダ遣いの反省

ところが一方、どんな若い人でも、こんな善行為者もいるのだ。東京都江東区に住む入江愛さん（14）という中学生の投書が、平成十四年一月二十日の『毎日新聞』にのっていた。

『時々、お金を無駄遣いしてしまう。特にお年玉をもらうと、欲しい物を買ってすぐに使ってしまう。

昨年も3月には使い終わっていた。後になってすごく後悔した。そう思っていた時、コンビニの募金箱を目にした。何てことをしていたのだろうと思った。

世界には貧しい人々がいるのに私はお金を自分の欲望のためだけに簡単に使ってしまった。食べ物も嫌いな物は残して無駄にすることが多かった。そんな自分がとても腹立たしかった。

それから、お金は大切に使うよう心掛けるようになった。コンビニの募金箱にお釣りを少し入れたりもする。食べ物も、嫌いな物でも頑張って残さず食べるようにしている。お年玉も３０００円しか使っていない。貧しい人々のためにも、募金をしたり、無駄をなくしたりするように考えてお金を使っていこうと思っている。』

この中学生愛さんのように、若いうちから善業を積んで行けば、将来どんなすばらしい果報が生ずるか分からない。人の行動は、どんな小さくても善行は善果を生むのが「法則」である。ただその果報がいつどのような形で出てくるかは分からない。しかもこの「法則」をもっと詳しく言うならば「因縁果の法則」とも言われる。「因」は原因だが、「縁」というのは助因（補助原因）といって、主な原因を助ける諸々の原因群だ。例えば大根の種子（因）を播いても、適当な温度や湿気がないと発芽しないだろう。このような補助的原因がうまく組み合わさって、大根の種子が発芽し、それが成長して立派な大根となる。

そこでどんな種子をどこへ播くかによって、色々の結果が出てくるし、助因の選び方でも違った結果が出てくるのである。それを何もかも十把一絡《から》げにして取り扱っていると、間違った判断をし、ミステークを犯すこともある。例えば平成十四年一月二十三日の『毎日新聞』には、福岡市早良区に住んでおられる石橋幸子さん（66）の、次のような投書がのせてあった。

『不用品は市が運営するリサイクルプラザに持参し、逆に、欲しいものがあれば求めて持ち帰る。

先日は用済みの赤ちゃん用品を持ち込んだ。衣類は洗濯し、おもちゃ類はよくふいて運んだのはもちろんだが、オマルはすげなく断られた。新品同様でも「気持ち悪がって誰も持って行かない」とのことである。

ごみにするにはしのびないと思いつつ外に出ると、「可愛い。譲ってほしい」と2人から声がかかった。1人は出産前で、まだ性別不明とのことで、片方の人が「孫娘に」と喜んで持って行かれた。

病院の備品やレンタルの介護用品も繰り返して使われているではないか。赤ちゃんのオマルを不潔と感じない人もいる。心配ならアルコールでふけばよい。

お役所の体質だろうが、受け入れはもっと柔軟でこそ、リサイクルの趣旨にかなうはずだ。』

固定観念

このような「気持悪がる」という一方的な考え方は、一部の人の考えを全般に拡大して考える〝固定観念〟であり、全く誤りだ。このような判断を国や公共団体がしていたら、「人の気も知らないで……」と嘆かざるを得なくなる。例えば「有名大学を卒業しないと、偉くなれない」などという考え方も〝固定観念〟だ。「教育には金がかかる」というのも同じようなものだ。

だから家庭の事情で大学に行けなくても、決して悲観する必要はない。あるいは高校や中学で中途退学しても、将来は心境の変化で、復学したり、大検に合格したりして、本来の目的に向かうことができるものだ。人生そのものが一つの大きな「学校」なのである。だから「人生大学」とか「生活学校」ともいわれている。

それ故、この「人生学校」の卒業式は、各自がバラバラで、肉体が死亡するときが〝卒業〟だ。そして人は肉体を捨てても次の人生（次生）に生れ変る。「魂」が生き通しているのだから、何の心配もいらない。ただそれまでどんなに小さな「善行」でもよいから、毎日積み上げて行けばよい。不正な手段を使わず、正しい、愛ふかい、正直なやり方で、ウソをつかず、金銭をごまかさず、よいことさえしておれば、立派な成績でこの世を終り、次生や後生でその善果が出てくるのである。

「本当かな？」

と疑う心が起るなら、その心を神様に全托することだ。何故なら、疑う心が起るのは、まだ経験が足りないからであって、あなたが悪者というのではない。この世ではまだ分からぬことがいくらでもある。どんな大学で学んでも、全て了解したとか、「悟った」ということはない。

しかし「正直である」ことは誰でもできる。それは全ての人々に「神性・仏性」が宿っており、それがそのまま出てくると〝正直〟となり、〝すなお〟となるからである。例えば、

「今朝、食事をして来ましたか」

と問われたとき、本当に食事をしたのなら、

「ハイ、食べてきました」

と答えたらよい。そうでなかったら、

「いいえ、食べてきませんでした」

と答える。これが正直な答えだ。

「何を食べましたか？」

「バナナを二本食べました」

これが「食事」と言えるか言えないかは、正確には分からない。これも「分からないこと」の中の一つかも知れない。食事の定義がハッキリしないからだ。しかし〝正直である〟ことは可能だ。

正直な人々

人は正直であることによって、何よりも信頼を得る。この信頼は、何ものにも勝る「宝」である。これを失って、「あいつはウソつきだ」ということになると、その後は何を言っても信じてもらえないだろう。外国産の牛肉を、国内産といつわってお金を儲けても、その企業はウソツキだということになって信用を失い、倒産するか廃業するか、身売りをするかしか方法がなくなるのである。

しかし古来の日本人は正直であった。仕事にごまかしがなく、最善をつくして立派なものの作りをした。これが古来の職人道だ。この正直さが今でも残っているから、日本産業の将来は明るいのである。

かつて私の使っていたビデオ・レコーダーがこわれたことがあった。だいぶ古い製品だったので、新製品の見本を見に行き、その小売店で紹介され、KというTVサービス業者に来宅してもらった。するとこのKさんは、すぐ約束した日に訪れてくれ、私の古いビデオ・レコーダーを分解し、ちょっとどこかを応急修理してくれ、

「これでしばらく使ってみて下さい。もし又だめになったら、新しい部品を註文して修理します」

というのだ。そこでいくらか支払いをしようとすると、

「応急修理をしただけですから、どのくらいの間もつか分かりません。ずっとこのまま使えるか、明日にでもダメになるか分かりませんから、代金はいりません」

と言って、出張費もとらず固辞して帰ってしまった。そしてこのビデオは、今にいたるも正常に動いている。このような職人さんが、日本の職人さんだ。このような正直で、深切で、立派な人たちが仕事をしている以上、わが国の産業が衰退する心配は全くないと言わなければならない。

このような人は、別に特定の大学や専門学校を出ていないかも知れない。どこかの町工

場で、徒弟奉公をしたのかも知れない。そんな名目はどうでもよい。まじめに、正直に、明るく、深切に仕事をしておれば、その善業は必ず善果となって結果をもたらすのである。それが「心の法則」であり「業の法則」なのである。

世界共通の法則

しかもこのような「法則」は、日本人ばかりではなく、全世界共通である。そこで、こうした「法則」を心得、かつ活用している人たちは、誰でも真実世界の悦びと、繁栄と、将来の発展的契約を〝結んだ〟と言えるであろう。例えば平成十四年一月二十六日の『讀賣新聞』には神奈川県逗子市に住む松永美代子さん（71）の次のような投書がのっていた。

『昨年の暮れ、電車にバッグを置き忘れました。年金暮らしの私には大金が入っていたので落ち込みましたが、深夜になって自宅に電話が入り、中国人の男性が、彼の奥さんがバッグを見つけて家に持ち帰ったことを片言の日本語で話してくれました。バッグの中の手帳で連絡先を知ったそうです。

翌朝、待ち合わせ場所に行くと、電話の男性がいて、ご自宅に招かれました。薄謝をお渡しようとすると強く拒まれました。最後は何とか受け取っては下さいましたが、帰りも手を振って何度もお辞儀をして下さいました。

その時、手みやげを持って行かなかったのが悔やまれ、改めて彼と待ち合わせをしましたが、彼は急な仕事が入って、代わりに奥さんと息子さんが来られました。お話では、日本での暮らしは大変で、家族皆で働いているとのことでしたが、ご家族の笑顔は皆さわやかですてきでした。

一部の中国人による事件を新聞でよく見かけるので、いつしか悪いイメージを持ってしまっていた自分が恥ずかしくなりました。』

以上のように、正直で立派な行動をする人は、「どの国の人」と限ったことではない。だから国や民族の違いで〝十把一絡げ〟の評価をすると大変な間違いが起る。「近頃の若い者は」とか、「老人たちは」という「ひっくくり」も間違いが多い。人を外見や年齢で判断することの間違いは、数知れず見うけるが、昔の賢人たちはコトバの使い方や、その面白い言い回しに習熟しておられたようだ。それを再び『讀賣新聞』の「編集手帳」氏が教えてくれた。即ち平成十四年一月八日号に曰く。

『昭和期の随筆家では最高峰の一人とされる内田百閒《ひゃっけん》の自宅玄関には、こんな張り紙があったそうだ。「世の中に人の来るこそうれしけれ、とはいふもののお前ではなし」◆江戸の狂歌作者、蜀山人の元歌にあった「うるさけれ」を、「うれしけれ」に変えたものという。遊び心と気難しさが同居していた百閒らしい。玄関先でこれを読んだ訪問客の顔が目に浮かぶようだ◆百閒の張り紙を思い出す機会が、このところやけに増えた。昨年五月の大型連休中に不正入国しようとした金正男氏（北朝鮮の金正日党総書記の長男）とみられる不審な人物しかり。年の瀬の列島を騒がせた凶暴な不審船しかり◆外国人グループによる強盗事件も後を絶たない。昨年暮れ、都内の会社社長宅にアジア系とみられる強盗団が侵入し、家族三人を縛って現金一億円を奪った事件は記憶に新しい。暴力団を情報源として使うなど手口も悪質化している◆テロ事件の余波で客足が遠のき、苦しむ行楽地は少なくない。外からの来訪者を「うれしけれ」と迎える気持ちはひとしおでも、こんな怪しい客には「お前ではなし」だろう◆百閒には「百鬼園」という号もあった。よこしまな意図を持つ不審者に百鬼夜行を許す楽園にしてはなるまい。徹底した捜査と警備で国の玄関に「張り紙」を張り直すしかない。』

ダラシナイのはダメ

ところでダラシナイのと、正直とはことなるのだ。不要な客は断る。これが正直であり、ウソを言わないやり方だ。人の家でも、国の入口でも、ズボンのボタンでも、ちゃんと掛けておくのが「当り前」ではないだろうか。さらに「同編集手帳」氏曰く。（十四年一月十一日の記事）

『「天国へ行くのに最も有効な方法は…」と、イタリアの思想家マキャベリが書いている。「…地獄への道を熟知することだ」。この言葉を曲げて解したわけでもあるまい。元国税局長の税理士である◆脱税の発覚を仮に「地獄」に例えるなら、税務のプロのことだ。そこに至る危ない道は、熟知している自信があったのだろう。だが、どんなに華美を極めようとも、不正によって飾られた暮らしが「天国」になるはずもない◆七億四千万円の所得を隠し、二億五千万円の税金を免れた疑いが持たれている。規定の通りに納税しても、まだ四億九千万円が手元に残る。小学生にもできる簡単な引き算だろう◆正々堂々、だれはばからず手にできる四億九千万円がある。（中略）◆「富は海水に似ている。飲むほどに渇く」。同じ思想家なら、ドイツのショーペンハウアーの言葉に学ぶべきだったか。事件の感想を聞かれた福田官房長官のつぶやき――「なかなか人生って難しいですね」。』

しかし人生には易しい道もある。正しい手段で、正しい目的を、明るく、たのしく生きる道だ。世間で言う〝富〟のような〝海水〟などは飲まないことである。

三　無尽蔵の愛

1　自他一体について

認める力

人には不思議な力が隠されている。その力は、〝今すでに現れていて使える〟のではないが、〝内在している〟と言えるだろう。丁度人の肉体でも、この世にオギャーと生まれてくるまでは、とても小さな卵子と精子とからできていた。その成長する力はとても大きくて、計算できないくらいである。これを〝生命力〟というならば、その力は今も私たちの中に宿っている。だから、ちょっとした傷や病気は、みなこの力によって治すことができるのだ。

しかしこの世には、「認めたものが現れる」という「心の法則」がある。言いかえると、

「認めないと、あっても現れてこない」ということだ。例えば、海の向こうに島が見える。しかしその島は、私たち人間が認めたときから現れたのであって、もし誰も認めなかったら、その島はなく、どんな地図にも書き込まれはしなかった。地球上に人間が出て来て、

「これが島だ。これが海だ」

と認めないうちは、島も海もなかったのである。たとい沢山の虫や蛙が住んでいたとしても、彼らはこれを「海だ」とか「島だ」とか認めないから、彼らにとってそれはなかったのである。山でもそれを人間が山と認めるから、山になるのであって、地球上に人が出て来なかった時代には、一体誰が山を「山」と認めただろうか。まさか猿が「あれは山だよ」と認めることはないだろう。犬が「ボクは海を渡って来た」と言うだろうか。

この偉大な〝認める力〟は、生命力でもあり、その力は認めるまでは隠れていると言えるのだ。それ故「肉体を癒す力」でも、その力を認めるかどうかによって、多く出て来たり、あまり出て来なかったりするのである。

例えば平成十四年二月十六日に、総本山の団体参拝練成会で、東京都江戸川区西篠崎《にししのざき》に住んでおられる日暮《ひぐらし》静江さん（昭和二十年八月生まれ）が、こんな体験を話して下さった。彼女は平成六年十月に「生長の家」に入信したが、その後平成九年四月二十六日の午

前七時半ごろのことだ。次女の由美子さんが交通事故にあった、という連絡を受けた。

交通事故

由美子さんは、当時大学二年生になったばかりだった。「いのちには別状ありませんが、すぐ病院に来て下さい」という電話だ。驚いた静江さんはすぐご主人の運転する車に乗り、〝聖経〟を読みながら、「船橋医療センター」に向かった。由美子さんは友人の運転する車（ハイエース）に四人で乗り、遊びに出かけたところ、三五七号線の千鳥町交叉点で、停車していた大型トレーラーに激突したのだ。由美子さんは助手席に乗っていたので、両大腿《だいたい》骨、右下腿《たい》骨、足首と四ヵ所を骨折した。しかし不幸中の幸いで、上半身は無事だったのである。

由美子さんは激突した瞬間無我夢中だったが、憶えているのは、頭の上から、冷たい白い布のようなものがかぶさってきて、上半身が覆われた様な気がしたというのだ。乗用車は大破し、運転していた人と由美子さんの両脚は車体に挟まれて、レスキュー隊によってやっと助け出された。運転者は膝を骨折し、後部座席にいた友人の一人は骨盤骨折、もう一人は頭を強打し、事故当日の深夜に死亡した。

由美子さんの両脚部は大腿骨が折れて腰まわりほど腫れ上がり、両足首には骨がくっついて縮まらないように、重《おも》りが吊るされた。あまりの痛さに、彼女は泣き叫ぶのだ。そして二週間後に医療センターの最高の医療チームによって、八時間の手術が行われた。手術の間、静江さんは一心に聖経を読誦し、神様に全托する祈りをした。朝になると長女さんは、千葉市にあるご先祖のお墓にお参りして「妹の怪我が早くよくなるように」と祈り、聖経読誦をしてくれたということである。

手術後両脚部には、一キログラムの金具がはめこまれた。入院中由美子さんは、こういった。

「お母さん、一回だけ聞いていい？　私、歩けるようになるの？」

静江さんは、

「大丈夫だよ。今まで通り歩けるようになるからね」

と励まして、娘さんの完全な実相が顕現するようにと祈りつつ、毎日お世話になる方々に「ありがとうございます、ありがとうございます」とお礼をいい、あとは自然治癒力の御力にまかせ切った。やがて事故から一ヵ月たったころから、リハビリテーションが始まった。そのころまでに白鳩会の支部長さんや誌友さんたちが手分けをして〝神癒祈願〟*

をして下さった。さらに近くに住んでおられる鈴木糸子さんは、由美子さんのために谷口雅春先生の「実相」軸の前で写経をして、それを届けて下さり、力強く励まして下さった。

その写経をもらった由美子さんは嬉しくてたまらず、あふれ出る涙で、着ていたパジャマがすっかり濡れるくらいだった。彼女がこの写経を痛い脚の上に置き、「痛くない」と言う。その後は写経の上に両脚を置き、次第に癒されていった。その頃は由美子さんもやっと心の整理ができたらしく、一所懸命で聖経（甘露の法雨）を読み、リハビリをしようと努めた。毎日必ず「神想観」をし、『続々甘露の法雨』*を読誦した。

さらに静江さんも毎日必ず「神想観」をし、娘さんが元気に通学している姿を心に描いた。又お世話になった病院の人々や同じ車に乗っていた友達を聖使命会員*にしたり、霊宮聖使命*にした。病院には普及誌を持って行き、手渡しの愛行を行った。すると患者さんたちは喜んで読んで下さる。隣のベッドの小林さんという人は、その後もずっと『白鳩』誌を読むようになられたそうだ。

こうして車椅子の生活が三ヵ月で終り、七月末に由美子さんは自分の両足で立ち上がり、「一週間後には退院します」と宣言したのである。しかし主治医の先生やリハビリの方からは「それはムリだよ」と止められた。ところが一週間後になると、スムースに歩きはじめ、一週間後には一本の松葉杖をついて退院することができ、二週間後には松葉杖なしで歩くことができた。

退院後は母と娘とで普及誌の百部愛行*をして回った。大学三年になった秋には、両脚に入れてあった金具も取り去り、今まで通りの生活が出来るようになった。さらに平成十二年四月には保険関係の会社に就職した。一方静江さんは平成十三年二月三日に、白鳩会の支部を発会したということであった。

自然治癒力の変形

このように人には偉大な治癒力や回復力がかくされているが、誰でもそれがすぐ引き出せるという訳ではない。やはりその力を強く「認める心」が必要であり、しかもその力が「神のお力である」という純粋な信仰が必要である。それと共に、他の多くの方々の祈りや愛念も大切で、家族としても友人知人関係者に対する心からの感謝がないと「神癒力」なるものは少ししか出て来ない。誰かを恨んでいたり、「あの人の責任だ」などと非難しているようでは、自然治癒力は阻害されてしまうのである。

肉体的な怪我や疾病の場合は、以上のようにある種の分かりやすい通則があるが、事業上の失敗や行き詰りとなると、色々の変形や応用的な対処が必要となり、ちょっと複雑になることがある。同年同月同日の団体参拝練成会で、東京都大田区南馬込《まごめ》に住んでおられる扇田昌《おうぎださかえ》さん（昭和十八年十月生まれ）は、次のような体験を話して下さった。

平成十二年十二月五日のことだ。ご主人（光夫さん）の会社の社長さんが、突然「会社を閉鎖する」と言い出し、扇田さん外九名を驚かせた。光夫さんはこの会社で、電気の制御盤や配電盤の配線をする工場長を十年間も勤めてきた人である。社長さんに「何故閉鎖するのですか」ときいても、詳しくは話してくれなかった。「閉鎖する」の一点張りだ。昔社長が独立する時、光夫さんに「一緒にやってくれないか」と誘われて入社したのだ。

ところが平成十二年の八月頃、社長夫婦の離婚話が進んだ。その理由の一つに、社長が奥さんの実家の土地を抵当に銀行から二千三百万円の借金をした件がある。その〝連帯保証人〟に扇田光夫さんになってくれと言われ、光夫さんは実印を捺《お》してしまった。すると社長が離婚する時、その借金を返済しなければならなくなったが払えない。そこで〝連帯保証人〟になった扇田さんの方に借金返済の責任が回ってきたのであった。そこで当日光夫さんが帰宅すると、

「おかあさん、俺、借金したんだ」

といった。「え？　いくら」ときくと、「二千三百万」と答えた。昌さんは耳を疑い、

「えー？　もう一度……」

と重ねてきくと、再び「二千三百万」と答えた。そこで昌さんは、こう返事をした。

「おとうさん、二千三百万円じゃなくて、二千三百円と思ったら？　そして三千円持って行って、おつりをもらって来たらどう？」

すると光夫さんはびっくりして、

「え？　お前の考えって、面白い考えだなぁ」

という。そしてさらに、

「お前にそう言われると、ちょっと本当に、心がゆるやかになったようだよ」

と言われた。それはそうだろう。二千三百万円の借金を打ちあけられたら、大抵の奥さんならびっくりして、大反対したり、泣き叫んだりするかも知れない。しかし昌さんはそうはしなかった。そしてちょっと〝妙な考え〟を呈上したのである。

励まし続ける

さてそれから昌さんは、ご主人を「大丈夫、大丈夫よ……」と励まし続けた。そう言ったものの、昌さんの心中は複雑で、「どうしよう」などと思ったこともある。しかしどこまでも夫の行動を非難することなく、励まし続けたのだ。すると平成十二年の十二月十三日に生長の家の教化部*で〝先祖供養祭〟が行われた。そこで昌さんは、会社の皆さんのご先祖さまの供養をすることにした。

その時彼女は渡邉敏子白鳩会連合会長さんにあって、ご主人の会社でのいきさつを話した。すると会長さんは、

「扇田さん、大丈夫よ！」

と、これまた励まして下さった。そして「すぐ神癒祈願を出しなさい」と言われたので、昌さんは河口湖練成道場にそれを提出した。それから毎日真剣に神想観を始めた。今までの彼女なら〝三日坊主〟で、何でも永続きしなかったが、今度は心をこめて実行した。さらに『甘露の法雨』の読誦をし、毎月の先祖供養をずっと続けて今日にまで到っている。

このように環境に起る出来事は、全て何かもっとよい方向へと導いてくれるものだ。夫の事件だと思っていたが、そうではなく、自分への忠告だと気がついた。彼女自身の祈り

の問題である。昌さんは小さい頃から、手や足にアトピー性のかゆみを覚えた。ところが毎日神想観を行っているうちに、そのアトピー症が消えていた。ご主人や友達もそれに気がついて、

「毎日神想観をしているからでしょう」

とも言われた。ご主人も、

「大事件が起ったのに冷静でいられるのは、奥さんが文句も言わずに大きく構えているからだよ」

と言われたりした。そのように夫婦の心は一つに連なっているのだから、夫に対する妻の心が「大安心」であることは、何よりも大切な要件なのである。

自他一体

さて三月になると横浜にある保証協会から通知があった。この協会へ債権者の銀行が、債務の処置をまかせる仕組みらしい。一回目の呼び出しがあった時、夫が心配していたので、彼女はこう言った。

「おとうさん、悪いことをしている？　していないでしょう」

「していないよ」

「じゃ、がんばって、行ってらっしゃい」

と言って、背中をポンと叩いて送り出した。帰ってくるとご主人は、

「お前の言う通りだった」

とホッとした顔付きだ。その夜二人で話し合いをした。夫婦で心を合わせて、「一生をかけても借金を返しましょう」と覚悟を決めた。七月に二回目の呼び出しがあった。その時は昌さんも夫について行った。するとこの時は書類の確認だけだった。

「次の連絡は、九月か十月です」

と言われたが、その後何の連絡も来なくなった。「どうしてかな、どうなったのかしら」と思うが、その理由は分からない。この世では何もかも分かる、というものではない。保証協会と銀行とそして債務者との間の問題は、外部からは分からないが、〝保証協会〟というから、何かを保証してくれているかも知れない。つまり信用があるかどうかということが関係するに違いないのである。夫婦で話し合い、

「一生をかけても返済しよう!」

と決心したことは、二人だけの決心のようでも、それが何となく分かるということもあ

りうるものだ。心は一人一人別々のようでも、みな大きく連なっている。だからこれを「自他一体」という。即ち『聖経 真理の吟唱*』の中の「天下無敵となる祈り」にはこう記されている。

『(前略)わが内に宿る神の愛と、一切の他者にやどる神の愛とは、全く同じき神の愛であるのである。わが内に宿る神の智慧と、一切の他者にやどる神の智慧とは全く同じき神の智慧であるのである。されば仮りに〝一切の他者〟という語《ことば》をもってしたけれども、決して実相において「他者」なるものは存在しないのである。他者は何一つ存在しないのであって、すべてのものは自分の生命《いのち》の兄弟姉妹であり自分の生命《いのち》の分れであり、自分と一体なのである。それを称して〝自他一体〟と称するのである。』(九四―九五頁)

こうして扇田さんご夫妻は、信仰を共にし、奥さんはご主人を信頼して、ついて来てくれた人や友人や誌友さんなどに感謝して、約一年間がんばって来た結果、平成十三年十一月一日に、前よりは規模は小さいが〝新しい会社〟を設立することが出来た。

深切な友人や知人のおかげで、工場の場所を貸してくれる人たちも現れた。光夫さんも、

「俺は本当に人に恵まれた。お前のおかげもあって、こうして新しい会社ができたよ」

と、大変喜んで下さった。そして本来ならば光夫さんが会社の代表責任者になるはずであったが、保証人となっていることもあるので、ナンバー・ツーの人が代表責任者となったということである。世の中は不景気だと言うけれども、ごく最近まで毎日徹夜の仕事が続き、多くの方々からうらやましがられるくらいの盛況である。

『これもみな、生長の家のみ教えのおかげであると、深く感謝しております』

と言って、扇田昌さんはこの体験談を終られた。もとの会社は川崎市にあったので、その時の社長さんは行方不明だ。保証協会に呼び出された時、ご主人には「たしかにあなたは印を捺しましたか」と尋ねられたので、「ハイ、印を捺しました」と答えたという。とにかく正直であり、とるべき責任はとるという、いさぎよさと、夫婦一体の自覚、ハイ・ニコ・ポン*の明るい信仰が特に光りを放つ世の中なのである。

*〝神癒祈願〟＝神の癒しによって、問題が解決するように祈ってもらうこと。
*『続々甘露の法雨』＝「人間神の子・病気本来なし」の真理が易しく説かれ、神癒、治病等に霊験ある生長の家のお経。「大聖師御講義『続々甘露の法雨』（谷口清超編纂、日本教文社刊）参照。テープは

（財）世界聖典普及協会刊。
＊聖使命会員＝生長の家の運動に共鳴して、月々一定額の献資をする人。
＊霊宮聖使命＝物故者を宇治別格本山・宝蔵神社に祭祀する制度。
＊愛行＝布教・伝道のために生長の家の月刊誌を頒布すること。
＊教化部＝生長の家の各教区における布教、伝道の中心となる拠点。
＊『聖経 真理の吟唱』＝谷口雅春著。霊感によって受けた真理の啓示を、朗読しやすいリズムを持った文体で書かれた〝真理を唱える文章〟集。（日本教文社刊）
＊ハイ・ニコ・ポン＝人から何か頼まれたとき、「ハイ」と返事をして、「ニコ」っと笑い、「ポン」と立ち上がって行動すること。

2　不調和の解消について

ピンとすること

近頃わが国では、着物（和服）を着る人が少なくなったようだが、女性ではまだ綺麗に着て、格好良く歩いておられる方がいる。洋装でも和装でも、姿勢が悪いと、「格好良く……」とは言えないようだ。ある日のこと家内が外出から帰ってきて、

「今日渋谷で、若い男の人が、羽織袴を着て歩いていた」

と言う。

「それがとても姿勢が悪くて、背中が曲がり、だらしない格好で、可笑しかった」

と言うのだ。何でも大学の卒業式の日だったようで、彼は何人かの友達と一緒に歩いて

いたらしい。一口に言うと「不調和」だったのだ。そう言えば平成十五年一月十三日の『毎日新聞』に、フリーライターの六笠由香子さんが、こんなことを書いておられたことがある。

『友人と初詣でに行き「着物の人が少ないね」と話していたら、帰りに寄った喫茶店で着物を着た若い女性を見た。しかし最初は、彼女が着物だと気付かなかった。なぜか？　理由はいろいろあるが、決定的なのは姿勢が悪すぎるのだ。Vネックのセーターをモコッと着ているような感じ。

着物は、背筋がピンとしていないと洋服以上におかしい。昔、母が着物を着せてくれる時に「背筋伸ばしなさいよ」とうるさく言われたのを思い出す。

その娘さんの、着物を着ようという心意気は買う。だけど、そんな着方じゃ着物が泣いちゃうよ！　彼女と一緒の男の子も姿勢が悪い。背中を丸めた2人がお茶を飲んでいる光景に味が出るには年季がいる。人生のとば口にいる彼らには味も風情もなく、ただ格好が悪いだけだ。若いんだからシャンとしなさいと言いたくなる。

ここで白状するが、私は若いころ猫背だった。いつも下を向いていた私に「姿勢が悪いと人生も開けないよ」と言った人がいる。好きな人にピシャリと言われて以来、背骨に神経を集中させる癖がついた。

まだ若いあなたたちに言おう。「背筋をピンと伸ばしてごらん」。それだけで世の中の見え方が変わる。だいたい、姿勢が悪いと言われるうちが花なのよ。我々オバさんは「老けたな」って顔されるだけなんだから。

猫背を直して人生変わったかって？　もちろんですとも。若いころの私は卑屈だったもの。』

背筋をピンと伸ばすことは、からだの健康のためにも良いし、外見上もよろしい。が歳をとると、とかく前屈みに成りやすいので要注意である。

夫婦の問題

ところがもっと重大な件は、夫婦間の不調和だろう。やはり平成十五年の二月二十日の『讀賣新聞』には、「人生案内」欄に、次のような質問が載っていた。

『三十代の女性会社員。交際を始めてから九年になる男性がいます。その人は元の職場の上司で、奥さんも子供もいます。生まれて初めて心から好きになった人で、二十歳も年上ですが、年齢差を感じさせません。

ただ、昨年、彼が私以外にも付き合っている女性が何人もいることを知りました。いけないとわかっていながら、彼の携帯電話のメールを見てしまったのがきっかけでした。さすがにショックで、一度は別れようとしました。でも、どうしても寂しさに耐えきれず、自分から電話をかけて、再びよりを戻しました。

彼の派手な女性関係には、すでにあきれてしまっています。この先も、彼が女性関係から卒業するのは無理だと思うと、どうしたらいいかわからなくなります。こんな私の九年間はムダだったのでしょうか。（神奈川・S子）』

このS子さんは、相手の男性の女性関係の乱れにとても悩んでおられるが、この世に「無駄な人生」などは、何一つないのである。一見無駄なように見えるかも知れないが、必ず「何かを教えてくれる」のだ。もしその〝教訓〟を無にするならば、もっと苦悩が続いて、結局は〝悟り〟にちかづくのである。〝悟り〟と言うと大げさかも知れないが、一段と高い境地になると言うことだ。それは丁度、大学の入試に何度も失敗して、何年か後に、やっと入学出来るようなものである。

さてこの「人生案内」の回答者は落合恵子さんだったが、次のようなものであった。

『「ムダな九年間」だったかどうかは、これからの過ごし方によるのではないでしょうか？

これ以上、「ムダな十年間」「ムダな十五年間」にしたくはないですよね？　あなたの前には、まだ拓《ひら》かれていないたくさんの明日があるのです。様々な出会いや、未知のよろこびも。

それらまで、あなたは「すでにあきれている」彼のために閉ざしてしまうのでしょうか？　なんと、もったいない！　ことでしょう。

ご自分の人生に対しても無責任で罪深いことではないでしょうか？

たぶん、もうこれ以上愛せないと思うほど、あなたは彼を愛しました。彼はどうであれ、あなたはとにかく彼をあんなに愛したのですから、ムダではなかったのです。

もう充分ではありませんか。時は春。馴染んだコートを手放すのにはちょっと肌寒い季節ではありますが、古いコートから「卒業」しましょう。』

ここに書いてある「卒業」は、さっき私が述べた「卒業」の意味とちょっと違っているようだが、「ムダではなかった」と言う点では同じだろう。例えば次のような実例がある。平成十五年三月二十五日の総本山での団体参拝練成会で、小路サト子さん（昭和十四年十一月生まれ）が、こんな体験を話されたのであった。

彼女は兵庫県加古郡播磨町古宮《こみや》に住んでおられるが、結婚して十年後から、弘さんという夫の自営業を手伝うようになった。しかし経営不振から、段々と夫婦の仲が不調和になってきたのである。

死の恐怖

そのストレスから、サト子さんは体調を崩して、寝込んでしまった。そしてある日のこと夫に、

「もう私、身も心も限界。何とかして！」

と言った。すると夫は、

「俺かて仕事が忙しいんや。自分の病気は自分で何とかせんか」

と冷たく言われ、すっかり落ち込んでしまった。しかも鍼治療で、頭に鍼を打ってもらったことが引き金となったらしく、突然動悸がしたり、夜中に息が出来なくなったりした。このままでは死ぬ。子供達のために死んだらあかんと思うと、死への恐怖心がわいてきた。そして一歩も外へ出られなくなったのである。髪の毛は大きく抜け落ち、歯もガタガタになり、目は焦点が定まらず、ボーッとして、まるで抜け殻のようになった。

これは「心の法則」によると、心の不調和が、肉体の不調和として現れてくるから、気

の毒だが仕方がない。ところが幸いにもサト子さんは『白鳩』誌を貰って読んでみた。そして生長の家を知り、「聖使命会」にも入会したのである。さらに『生命の實相』という生長の家の原典を読んでいるうちに、少しずつ元気になったが、まだ独りでは外出できない状態が続いていた。

そこで、宇治市にある「生長の家」の練成道場に行ってみた。そしてこの病気の原因が「夫婦の不調和」によるものだと教えられた。そこで彼女は思い切って不和の相手である夫に謝った。すると十二年間も苦しんでいた「外出出来ない状態」は解決したのである。ところがやがて子供たちが結婚して、夫婦二人だけの生活になると、たまには、手の一つも握って欲しいと思う。しかし夫はいつも向こうを向いたままだ。

「ねえ……」

と言って甘えてみたり、猫のようにすり寄ってみても、背中を向けて寝てしまう。そんな夫に対して、とても寂しくてたまらず、とうとう頭にきた。

「一体これはどういうこと？　私だって勤務先では、男性にもてるんやで。嫌いやったら、別れたってええんやから、はっきりして！」

と訳を問いただした。すると弘さんは、こういうのだ。

「俺には昔から、別に女性がおった。お前もよう知ってる人や」

それを聞いたサト子さんは驚いて、サーッと血の気が引く思いがした。

「二十数年も、私はあなただけを信じて愛して、尽くして来たのに！」

腹が立って悔しかった。胸は張り裂けんばかりだ。しかもなんで選りにも選って、あんな〝鬼瓦〟みたいな女を！　と思ったのである。


私より鬼瓦を！


歳もサト子さんと同じだ。若くもなく、綺麗でもない。侮辱されたようで、頭にきた。その勢いで、夫を力一杯殴った。もし若くて綺麗だったら「負けた」と思えたかも知れないが、「なんであんな不細工な女を？」そう思うと余計に腹が立つのだ。今まで生長の家で勉強してきたことが、何処かにすっとんでしまった。彼女は荒れ狂ったのである。

しかし翌日になると、平静を装ってお勤めには行ったが、夜になると昨夜の気持ちが盛り上がり、またしても夫を詰《なじ》るのだ。お酒をのんだ勢いで、

「あなたはローン会社からお金を借りて、私に尻拭いさせたでしょ？　あれもあの女に上げとったんや！」

と、過去のことを一つ一つ取り上げて、夫を責め立てた。それでも弘さんは、黙って堪えていた。それが又憎たらしい。振り上げた手の持っていく場がないからである。怒りが頂点に達した時、彼女は「死んでやろう」と思い、剃刀を手首に当てようとした。がその時、何とも言えない厳かな声で、

「主人の胸に飛び込みなさい」

と聞こえた。ああ、内なる神の声だ、と思って我にかえった。そして、夫の胸に飛び込んで、涙の涸れるまで泣いたのであった。

静かになって考えてみると、「私は今まで、求める愛ばかり、執着の愛ばかりだったのではないか」あの何万回も読み聞きしていた『大調和の神示*』の意味が、やっと判ってきたのである。

「今まで夫はさぞ苦しかっただろうな。永いこと真実を隠していて、きっと苦しかっただろう」そう思うと、赦せる気持ちになってきて、

「パパ、ご免なさい」

と言った。夫はしっかりと彼女を抱きしめてくれた。そしてこう言った。

「悪かった、すまんかった。お前には随分辛い思いをさせたなあ。俺ほんとに悪かった

よ。子供達にも悪いことしとったんやな。今日はっきりと、彼女と別れてきた」
以来サト子さんは、毎日心を込めて料理を作り、朝は玄関まで見送り、握手して、チュの挨拶までして、明るく送りだした。また夜は夫の足音が聞こえると、家の玄関に走り出て、笑顔で「お帰りなさーい」と愛情を表現した。まるで新婚の若夫婦のようだった。車を買ってドライブにも出かけ、夫を誘って誌友会にも、講習会*にも、宇治の別格本山*にも参拝した。

赦しから感謝へ

さらに又相手の女性も赦せるようになったのだ。赦しただけではなく、感謝しなさいと教えられているように、〝感謝〟まで出来るようになったと言うことであった。これについて『聖経 真理の吟唱』のなかの「智慧と愛と赦しのための祈り」(一七八頁)にはこう書かれている。

『神の愛は全包容的であり、如何なる人々をも看過《みのが》すということはないのである。それゆえに神の子なる私の愛も全包容的であり、如何なる人々をも赦すのである。唇にて〝彼を赦す〟というのは容易であるけれども、私は単に言葉にて「赦しました」というだけではなく、全精神を以ってすべての人々を赦すのである。赦すというよりも、すべての人々の実相を観ずるとき、すべての人々の実相は神の子であるから、赦すべき罪もなきことを知って、その実相の完全さを解放するのである。本当の赦しというのは、相手の悪や罪をみとめて、それを怺《こら》えながら赦してやるというのではなく、罪なき彼の実相を観じて、それを解放し顕現させるのであるから、彼自身がそのまま完全になるのである。』

このような赦しはなかなか修行のいることだが、そうしているうちに、平成七年六月のこと、弘さんは突然急性白血病にかかり、最期には「ママ……」とサト子さんを呼びながら、安らかに霊界に旅立たれた。誰でもがこうなるのではないが、おそらく弘さんの〝この世〟での、このときの課題が終わったのであろう。彼女はこの最期のコトバを聞いた時、心の底から夫に「有り難う」と感謝したということである。

その後サト子さんは白鳩会の支部長として活躍し、地方講師でもあり、生長の家の普及のために大いに努めておられるという体験談であった。このようにして「この世」という〝人生大学〟では、「心の法則」によって、心の不調和が永く続くと、それに対応する肉体の不調和も起こってくるが、その間に時間的な〝時差〟があるもので、

「折角夫婦が仲良く成ったのに……」

と思われる現象も起こることがある。しかし魂の方は確実に進歩向上しているから、「来世」からの生活は大いに素晴らしくなるのである。そこでこの「智慧と愛と赦しのための祈り」の冒頭には、次のように記されている。

『私は神の子である。〝神の子〟であるということは神より小さき者という意味ではないのである。〝神の子〟とは〝神の具体化〟であり、姿形《すがたかたち》の幽《ゆう》なる神が、姿形の顕《けん》なる神として自己実現して来たという意味なのである。それゆえに神のもちたまえる全徳をわが身に体現し得るのが〝神の子〟なる人間である。もし、神の完全なる姿を具体化することができなかったならば、それは完全な神の実相が宿っていないからではなく、神の完全な実相が宿っていながら、それを自覚しないからに過ぎないのである。

〝神の子〟は、神の完全さを、自己の実相として内部に包蔵するのである。それゆえに神の完全なる生命はわが内にあり、それを神想観によって自覚すれば、その生命力はますます健全となるのである。また〝神の子〟なる人間には神の完全なる智慧はわが内にあり、神想観によって、その智慧を自覚する程度に従って、それは自己を導く光となり、日常生活にも、職業方面にも、あらゆる企画や行動に決して躓《つまず》くことがなくなるのである。』

＊『大調和の神示』＝谷口雅春先生が昭和六年に霊感を得て書かれた言葉で、この神示の全文は『甘露の法雨』『生命の實相』（第1巻）『新編 聖光録』『御守護 神示集』（いずれも日本教文社刊）等に収録されている。

＊講習会＝生長の家の総裁、副総裁が直接指導する「生長の家講習会」のこと。現在は、谷口雅宣生長の家副総裁、谷口純子生長の家白鳩会副総裁が直接指導に当たっている。

＊宇治の別格本山＝京都府宇治市宇治塔の川三二にある、生長の家の道場。毎月各種の練成会が行われている。

3　人のために祈る

木が消えた

私が今住んでいる住宅（本部の公舎）の庭には、隣家との境のあたりに、古い紅葉《もみじ》（楓《かえで》）の樹が生えている。その楓の種子が、いつの間にか隣家の敷地に落ちて、若い楓の苗木が二本生えた。それが次第に若木に成長して、今年はとても紅葉《こうよう》が見事に朝日に照り輝いていた。

ところがこの隣家の土地・建物が、どこかに売却されて、ビルの取り壊しが始まった。ものすごく大きなシャベル・カーが何台も来て、ズシン、ズシンとこのビルは取り壊された。最初はこちらの住宅との境の辺の木は残しておくというような話だったが、いつの間にかそれらの樹木も全て消え去って、あの若わかしい楓の木も皆いなくなってしまったのである。

その土地は原宿の明治通りに面していて千坪くらいもあるから、きっと大きなビルが建つのだろう。しかし紅葉の若木がなくなってしまったのは、息子や娘が亡くなったように淋しいものだ。全て樹木は一朝一夕には育たない。しかし年を重ねるごとに大きくなって、やがて大木となり、美しく色づき、人々に多くの酸素と落葉を与えながら、黙ってどこかへ消えて行く。果してそれらが、みな新時代の文明の成果と言えるだろうか。

最近出版された『神の国はどこにあるか*』という本には、遠藤周作さんという小説家の『沈黙』などから引用させてもらった章があるが、この人は狐狸《こり》庵《あん》山人とも言われて、面白くて楽しい話も沢山書いておられる。その中の一つに、『勇気ある言葉』（集英社文庫）というのがあり、その中の「千日の萱《かや》を一日に焼く」という章（四三頁以下）に、こんな話があった。

遠藤さんの家の近所（多分柿生《かきお》だろう）に、松の木の茂った広い丘陵があった。ところがある年に、突然ブルドーザーが来て、その林を根こそぎ切り倒し、丘はたちまち住宅地に変わったというのである。やがて松林の代りに、家々の林ができてしまった。こんな光景は、東京近郊ではどこにでも起る。そしてある日、この住宅地に住んだ人が、植木屋に松や紅葉の貧弱な木を植えさせていた。これは「千日の萱《かや》を一日に焼く」ようなものだと言うのである。（この諺は一六四五年に書かれた俳書『毛吹草《けふきぐさ》』に出てくると、この本の編集氏が注釈している）

愛の力

このようにして樹木でも、大きく成長した林や森が伐り倒されたり、自然に枯れたりして、苗木や若い樹木に替わってゆく。このような時、地球は若い樹木がうまく育つかどうかで、荒廃するか否かが決まってくるのだ。大自然の生命力に委ねられた場合は、若木も自然に育って行くだろうが、人間によって無理に伐り倒され、あとに樹木がうまく育たない場合は、不毛の荒野や砂漠となって、やがて地球の温暖化となり、将来の大災害の原因となるのである。

このように全ての生物にとって、次世代のいのちの生育は、何よりも大切な根本対策であるが、ことに人間は全ての生物への影響力を持つから、人の心の正しさと、若者の心の生長とは、すこぶる重大問題である。つまり人類やその他の生物の運命は、現在の若者たちの心に托されていると言っても過言ではないだろう。その心が豊かな「愛」に充ちているかどうかが問われるのだが、平成十四年十二月八日の『讀賣新聞』には、東京都大田区の青木祐子さんの、次のような投書がのっていた。

『昨年、病気で入院をした時のことです。突然のことで不安を抱えての入院でしたが、一人の看護師さんの存在にとても癒やされました。

体調や病気以外のことで話しかけられることがほとんどない中、ある看護師の女性は「青木さん、どうですか」と必ず名前を呼んで声をかけてくれました。

また、パジャマや持ち物を見ると、「かわいいのを持ってますね」と、とびきりの笑顔で話しかけてくれました。誰に対しても分け隔てのない丁寧な応対、それに気持ちの良い仕事ぶり。特別なことをしてもらったというわけではないのですが、若い彼女から色々学んだような気がします。

結局、人の心を癒やすのは人の力が大きいのだということを、改めて実感できた貴重な体験でした。』

このようにちょっとした言葉や笑顔で、人の心は明るく輝くし、その明るい心が肉体の免疫力を高めて、入院患者でも早く退院できるようになるものだ。私の孫娘の一人も、将来看護婦さんになりたいと言って、どこかの看護大学（？）に入ることを希望していた。私自身も昔召集された軍隊で発病し、陸軍病院や傷痍軍人療養所で長年お世話になった時、若い看護婦見習いさん達のハツラツとした笑顔や看護で、ずいぶん助けられたものだ。

その中の一人が、私が昔島根県の講習会に出講した時面会に来て、立派に結婚して生長の家の誌友さんになっていたことを知らされ、とても嬉しかったことがある。青年男女の心次第で、この世は地獄ともなり、天国ともなると言っても過言ではない。世界中どこでも、青年たちの深切なコトバや行動は、大人たちの心に大きな変化を与えるものである。

深切な人たち

例えば平成十四年十二月四日の『毎日新聞』には、東京都練馬区の山岸千恵子さんの、こんな投書がのっていた。

『「今の若者は」と世間の人は言いますが、先日会ったカップルに私の若者への考えを変えさせられました。

いとこと映画観賞に行ったのですが、場所が分からず、通りかかったお二人に道を聞きました。男性は案内しましょうと言って歩き出し、女性はつえをついている私に合わせてゆっくり歩き、大分離れていた映画館まで案内してくれ、笑顔で去って行きました。

男性は、明日仕事で外国に行くとのことで、久しぶりに恋人に会ったのでしょう。その大切な時間を、わずかとはいえ私たちのために使ってくださいました。お名前も聞かずに別れましたが、一日幸せな気分にさせてもらいました。お二人の幸せを祈らずにはいられません。ありがとうございました。』

このようにして人びとは「明るい社会」や「明るい家庭」を作って行く。つまり明るいということは、バカ騒ぎや失敗した人や上役の悪口を並べ立てて喜ぶことではなく、他人のためにちょっとした深切をしてあげたり、思いやりのある心で応対してあげることでもよい。同紙の十二月八日号には、北九州市小倉南区の香川孝志さん（32）の、こんな投書もあった。

『私は現在、失業中でハローワークに通っていますが、その度に感心していることがあります。それはある職業相談担当職員の礼儀正しさです。

相談を受け付ける時、立ち上がって相談者を迎え最敬礼をして「長らくお待たせいたしました。どうぞおかけください」と必ず添えてくれます。毎日、多くの求職者を相手に相談をし、時には苦情を言われたりして大変だと思いますが、礼儀正しさと心遣いにはいつも感心させられます。

何よりも、相談しやすい雰囲気を持っているのです。求人先の疑問点を質問したり、業務に対する要望や苦情を言うことがありますが、丁寧に応対してくれるので相談後、すがすがしい気持ちになります。

今度、この職員に相談する機会があれば「いつも親切な応対、ありがとうございます」と、お礼を述べたいと思っています。』

ハローワークというのは、職業安定所とかショクアンとか呼ばれた所だが、失業中の人にもこうして礼儀正しく、深切に対応してくれる若者は、多くの人びとを勇気づけてくれる。それ故、自分の職業がどうだとか、地位が上だとか下だとか、そんなことに引っかかって、礼儀や深切心を失ってはいけない。礼儀とはペコペコおじぎをしたり、心にもないオセジを言ったり、ご機嫌取りをすることではない。今、自分に与えられた仕事を、丁寧に、明るい心で、まごころを込めて行うことである。

時として人は、自分の得にならないことは何もしないのが「自己に忠実だ」などと思うかもしれない。しかしそれは「本当の自己」に忠実ではない。損得勘定だけで行動していると、「これが得だ」と思うことが、逆に「損をした」という結果になることが多い。

損得勘定は結局金銭がもうかるか損するかになるが、実は「神の国」は円でもドルでも、ポンドでもない。だからいくらニセ札を上手に使って大儲けをしたように見えても、ニセ札という紙切れを使って悪事を働いたという「悪業」だけが残るので、その結果は必ず「悪果」を刈り取ることになる。つまり「不幸な運命の予約をした」ことになるだけなのである。

ある新婚旅行

この人生では色いろな出来事が起り、成功も失敗もあるだろう。トマス・エジソンは自分の発明が「一％のインスピレーションと九十九％のパースピレーション（汗）の結果だ」と言ったそうだが、多くの失敗は貴い教訓を含んでいることに間違いはない。そしてこの根本原理を知るには、正しい宗教の門をくぐることがとても大切なのである。

平成十四年十一月三日に、総本山で行われた生長の家全国青年練成会*で、地方公務員の太宰《だざい》健《たけし》さん（郡山市桑野在住・昭和四八年十一月生まれ）は、次のような体験を話して下さった。

彼は以前福島県の警察官として約三年間勤務していた。すると長時間の勤務をしたり、時間的にも不規則な仕事だったせいか、眼の角膜を痛めてしまった。医師からは「このままでは失明するよ」と言われるまでになった。そこで彼は、眼にあまり負担のかからない別の仕事につこうと思い、郡山市役所に勤めたいと思って、その勉強をした。

すると母親が毎日「生長の家」の聖経を誦げてくれたお蔭もあったらしく、平成十三年に合格することができ、公務員として転職した。けれども当時警察官の女性とつき合っていたので、市役所の試験に合格したので結婚を意識し始め、平成十四年の三月に入籍したのだった。

その翌日から新婚旅行に海外へ行く予定だったが、直前にギックリ腰になってしまった。そこで旅行の取り止めを彼女に持ちかけた。すると彼女は思いやりの言葉すらなく、彼の申し出を聞き入れようともしなかった。そこで彼は仕方なく激痛に耐えながら旅行に出た。

するとこの旅行が楽しいわけはなく、途中もケンカばかりの新婚旅行だった。帰国してからも彼女の自己中心的で執念深い性格にたえられず、わずか結婚十日で彼は離婚することを考えた。それ以前に、福島市に住む母方の叔母、田村富子さんの家を訪ねて相談した。すると叔母さんの家にまで、彼女（妻）の母親は電話をかけて来て、「早く子供を作らなければ……」とか言うのだ。世間体《てい》とか見栄《みえ》とかばかりを気にしている。

そこで叔母さんに相談すると、間もなく郡山市で生長の家の〝見真会〟*という会合があるから、参加してごらんと助言された。しかし彼はそれまで宗教そのものを拒否していた。時々叔母が小遣い銭と〝普及誌〟とをくれていたが、小遣いだけはもらっても、生長の家の〝普及誌〟の方は置いて帰っていたのである。

心の転換

しかしこうなると太宰さんは、もう生長の家の会合に行ってみる外仕方がないかと思いだし、見真会の前日に郡山市にもどって来た。すると待ち構えていたように、新妻の家の人たちが押しかけてきて、もっと話をしようという。彼は疲れていたので面会したくなかったが、思い直して会ってみると、「けじめは取ってもらうぞ」と言われ、彼は裁判沙汰になってもいいと思って離婚を主張したのである。

しかしその翌日、電話がかかり、「協議離婚に応ずる」と言うのだ。そこで離婚の用紙に自分の所だけを書いて判を押し、相手のところに持って行った。すると「一週間ほどあずからせてほしい」という。戸籍に離婚歴が残らない方法があると言う。そこで彼らの言い分を信用して引きさがった。しかし何だか心配になったので、市役所の市民課に電話してきいてみた。すると、

「それは結婚詐欺《さぎ》としてあなたを訴える手続きのことです」

というのだ。そこで太宰さんは、困ったことになった、と思い悩んだまま、「生長の家」の見真会に参加した。そして当時の教化部長だった岡本部講師の話を聞いた。するとその日の話の中で、

「人はどんなに辛いことがあっても、それは現象であって本来実在しているものではない。人間は本来〝神の子〟であって完全円満であり、そうした現象は人間に何かを教えてくれるもので、愛を出して生きることが人間の使命なんです」

という話をされたのである。彼はそれを聞いて大変感動し、その翌日から行われる宇治の別格本山での伝道練成会にも参加する決意をした。そして宇治の練成会では長田講師の個人指導を受けた。すると、こう言われたのである。

「あなたは彼女たちのおかげで生長の家の教えにふれることができたのです。だからむしろ感謝すべきですよ。あなたは今まで両親に感謝する生活をして来ましたか？」

と教えられた。そこで太宰さんは、彼女ばかりではなく、自分も自己中心的であった。両親にも反抗的であったと、大いに反省したのである。大変申しわけなかったと思い出し、練成をうけ講話を聞いているうちに、これからは自分のためではなく、「他人《ひと》の為に何かをしよう」と決意し、離婚相手の彼女のために、その幸せを祈る心に変わったのであった。

こうして練成会から帰ったある日、仕事から帰って戸籍謄本を取り寄せてみると、彼女の籍が抜けていて、知らぬ間に協議離婚が成立していたのだった。しかもその離婚届が提出された日付が、彼が見真会に参加して「生長の家」の教えにふれた当日であった。さらに以前は失明するとまで言われた眼の病気も癒され、仕事にも何ら差し支えなく、その後五月の全国大会*にも参加し、七月には福島教区の中高生練成会の運営委員として活躍することができるようになり、九月に行われた副総裁の講習会では、初めての友人をさそって参加することができたという体験であった。そして最後に、

『今日の話は、胸を張って自慢するような話ではないけれども、言いたいことは、相手を恨むだけだった自分の心が、百八十度明るい方向に変わったということで、これからは自分のために何かするというのではなく、人のために愛を出す生活をして行きたいと思いま

す』
と新生の決意を述べられたのである。

*『神の国はどこにあるか』＝谷口清超著。（日本教文社刊）
*生長の家全国青年練成会＝生長の家総裁・谷口清超先生ご指導のもと、総本山で青年を対象として開かれる練成会。
*見真会＝生長の家の教えを学ぶ集い。
*五月の全国大会＝毎年五月初旬、東京の日本武道館で開かれる生長の家全国大会。「相愛会・栄える会合同全国大会」「白鳩会全国大会」「青年会全国大会」の三大会が開かれる。

4 「見えない世界」がある

母と子

ひとは皆健康であることが望ましい。ちょっとした指先の傷でも、棘がささったのでも気になるし、不自由になる。すねの辺りに傷ができただけでも、風呂に入る時に「どうしようか」と考えたりする。

ところが中には、生まれて来たときから障害があったり、幼い時にひどい病気にかかったりした人は、ずいぶん苦しい生活を送ることになるだろう。そんな時、人はどうしても、〝人生の意義〟について深く考えたり、悩んだりして、「見えない世界」のことを知るようになるものである。

と言うのは、この世には物質の他に、知恵とか、愛とか、生命とかと言う、「目にみえない世界」があるからだ。それをさらに深く覚《さと》ることが、この「人生学校」に入学した（この世に生まれてきた）意義であり、悦びであると言えるからである。

例えば平成十五年一月二十二日の『毎日新聞』には牧口一二さんの次のような文章が載っていた。この人は生まれてから一歳の時に小児麻痺に罹り、両足が不自由になった人である。

『おふくろは一昨年5月、96と9カ月で死んだ。痛みも苦しみもない大往生、見事な死だった、とボクは思う。

ボクが就学時を迎えた6歳、「空襲のとき危ないから」と小学校に入れなかった。泣きながらボクをおぶって歩く母のうなじが、時々何の脈略もなく頭に浮かんで面食らっていたが、あれは入学を断られた日の帰り道だった、と気づいたのは成人してから。

9歳のとき戦争が終わって、やっと1年生に入学できた。両足が不自由な息子を抱えて、せめて学校には通わせたいと思ったのだろう。母は毎日おぶって送り迎えしてくれた。（続く）』

身体が不自由で、動けない子を学校に負ぶって行く母親も、肉体的というよりむしろ精神的に、さぞつらかったことであろう。一方息子の方は、無邪気なもので、『10歳までは地面を這って遊んでいた。焼け跡の原っぱで、三角ベースやヤンマ採りに夢中だった。日が暮れるころには全身泥まみれ、そんな姿を母はとても喜んでくれた。褒めてもらいたくて、わざと汚して帰った日が懐かしい。

美術学校を出てデザイナーを志しての就職活動の折、母はわが作品の運び役をやってくれた。1年半の間に54社を受けてすべてダメだったが、面接のあいだ、母は後ろのパイプ椅子で待っていた。でも、落とされても落とされても親の言い分は一度も口にしなかった。ボクの背中に「就職はあなたの問題でしょ」と無言で語っていた気がする。

結局、就職できずにそれからの2年間、家でゴロゴロしていた。この期間も母は《いつまで障害に甘えてるの！》なんて言わずに、黙って3度のメシを作ってくれた。(続く)』

牧口さんは身体が不自由なために、五十四の会社の就職試験を落されたというが、それを背後から無言で支えてくれた母親は、子供に「障害に甘えるな、自分の力で生きよ」と教えて下さった。しかも「黙って」三度のメシを与えてくれたと言うから、その〝愛の深さ〟は、仏の慈悲心のようでもある。

無償の愛

『もう、おふくろには頭が上がらない。60を超えた今、恥ずかしながら「イヨ、世界一！」なんて思えるふしぎ。ほかの親を知らないのに《よく言うよ》なのだが、こんなたわいない想いをボクに抱かせる母は、やはり《にくい奴だなぁ》と思う。

天国か地獄か、どこへ旅立ったのか確かめる術《すべ》もないが、死んでからの1年半、ボクの夢枕に現れないのは、この世に未練がないからだろう。

母を想うと、「無償の愛」という言葉が何の抵抗もなく《そんな愛もあっていいんだよね》と思えてくる。いつも両手をいっぱいに広げて待っていてくれた……おふくろ。ボクはどれだけ救われたことだろう。』

本来「愛」というものは、目にも見えず、耳でも聞くことは出来ない「仏心」であり、「神の子の真性」である。それは全ての人びとに宿っているという信仰が「神の子・人間」の「実相の信仰」である。その愛はたしかに「無償」であり、「これだけ愛したから、その報いは何か？」などとは問わないし、思いもしない。それは母親のみならず、父親にもある「人間の本質」だ。〝無償の愛〟は、この世にも執着しないから、息子としても、又どんなに歳を重ねた大人でも、見習いかつ尊敬せざるを得ないものである。

そして人はみな、この「愛」の境地に達すべく、この世に生をうけ、教育されるのだ。従ってこの人生を「人生大学」とか「人生学校」などと呼ぶ。ところが、まだこの「人生学校」に入学したての人々は、そんな愛とは全く裏腹な行動をとることが多い。そして中にはわが子の生命すら奪ってしまう人もいるし、「この世には物質だけが存在する」と主張する唯物論者もいるのである。

例えば、平成十五年一月二十三日の『産経新聞』には、次のような記事が載っていた。

『危機一髪　昨年十二月十五日午後一時半ごろ。東京都豊島区南池袋の池袋駅東口近くの雑居ビルの七階で、ネットカフェの女子店員が清掃中に女子トイレのごみ箱の中から漏れるうめき声のような泣き声に気が付いた。「最初はペットか何かが捨てられているのかと思った」と店員は振り返る。

へその緒がついたまま血まみれだった。トイレで生まれた直後、そのまま捨てられたのだろう。「体が冷たく、声も弱々しいものだった」。店員たちは救急車を呼び、到着するまでの間、小さな体をお湯で温めたタオルで包み込んだ。

救急隊員が駆け付けたとき、男児の体温は三三度しかなく、自発呼吸もままならない仮死状態だった。だが、応急処置のおかげで十日後には自発呼吸できるまでに回復、その後退院した。

「一分一秒を争うなか、店員らの対応が良かった。幸運としか言いようがない」。助産院関係者はそう話す。（後略）』

愛はナイのか

こんなひどい母親でも、家族を捨てて何処かへ家出する父親でも、本当は〝愛〟があるから、その後いつか姿を現すことがあるし、その可能性を否定することは出来ない。だから今の段階で「愛がない」と断定することは間違いであろう。何故なら〝愛〟も〝知恵〟も「見えない」からだ。この「大宇宙」にもまだ見えないところが幾らでもある。〝才能〟でも同じことが言える。これらのものは「今の外見」からは分からないと言う他はないのである。

例えば有名な天体物理学者にＳ・Ｗ・ホーキング博士と言うイギリス人がおられる。彼は一九四二年一月にオックスフォードで生まれた。父も母もオックスフォード大学でまなび、第二次大戦の始めに結婚した。彼の少年時代のことについて、『ホーキングの最新宇宙論』(監訳・佐藤勝彦・日本放送出版協会刊)の中にこう書いてある。

『私はまったく普通の少年でした。成績はクラスの真ん中より上には上がれず(たいへん出来のよいクラスでした)、文字を覚えるのも遅かったのですが、ものごとの仕組みにはたいへん興味をもっていました。十二歳のとき、二人の友達が「ホーキングが将来、ものになるかどうか」、一袋のキャンディを賭けたことがあります。この賭けがどういうふうに決着したのか、私はいまだに知りませんが……。

父は私が自分と同じように医学の道に進むことを望んでいました。しかし、私には生物学は説明的すぎて、あまり基本的なことのように思えなかったのです。もし、当時分子生物学のことを知っていたら、また考え方も変わっていたかもしれませんが、一般には知られていない分野でした。代わりに数学をメインに物理学も勉強したいと思っていました。

しかし、父は「数学では将来、教師になる以外職はない」と言って、化学と物理学を主に、数学は少しだけしか勉強させてくれなかったのです。父が数学に反対したもう一つの理由には、私に進学させたいと思っていた自分の母校のオックスフォード・ユニバーシティ・カレッジに数学科がなかったからということもありました。一九五九年、十七歳で私はユニバーシティ・カレッジに入り、物理学を専攻しました。宇宙の現象を支配する物理学に最も興味を惹かれたからです。その頃には、数学は私にとって、物理学を研究するための一手段にしかすぎなくなっていました。』（一六一一七頁）

宇宙論・病気と結婚

当時オックスフォードでは誰も宇宙論を研究していなかったが、彼は博士号をイギリス天文学の第一人者であるフレッド・ホイルのもとで取りたいと思い、申請書を出した。ところがデニス・サイアマと言う人にきまった。

彼はアインシュタインの一般相対性理論に惹かれてケンブリッジにいくことにした。ところがケンブリッジに行く前から、自分の動作のぎこちなさに気づいていた。するとケンブリッジに行ってすぐ、筋萎縮性側索《そくさく》硬化症と診断された。これは運動神経が障害を起こす原因不明の病気で、咀嚼や、呼吸まで困難になる病気だ。

そこで彼は一時、研究なんかしても無駄かもしれないと思ったが、時が経つにつれて、病気の進行が遅くなった。しかも一般相対論も理解できるようになってきたので、研究を続けて、ジェーン・ワイルドという女の子と婚約した。「生きる目的と希望ができたから」と言えるだろう。

『そこで、私は生まれて初めて一生懸命仕事に取り組みました。驚いたことに、私は仕事が好きなことに気づいたのです』（二一頁）

その後ホーキング博士はやっとのことキース・カレッジの特別研究員になれたので、かれらは一九六五年に結婚することができた。

ホーキング博士は一九七〇年まで「宇宙論」の中で「特異点」について研究した。「特異点」とは、四次元の時空間の曲率が無限大である（曲っていない）とした時のその一点。ある事象が起ったことを一点で表現しうる、その一点のことだ。

遠方のいくつもの銀河系（太陽は〝天の川銀河系〟に属する）を観測すると、銀河系は次第に遠ざかって行っている。それ故、宇宙は膨張しているとされているのである。そこで太古には銀河系は互いにもっと接近していたと言えるだろう。このような状態は「今は見えない」世界だ。しかしずっと過去にさかのぼると、「宇宙の密度は無限であったか？」とか「宇宙は収縮していたのか？」という疑問が起る。

もし一般相対論が正しいならば、「宇宙は無限の密度であることが過去にあった」ということになり、この状態をビッグバン（Big bang）と言い、これが「宇宙の始まり」とされている。しかしこれも「見えない世界」の特異点である。しかし一般相対論が正しいならば、従来の科学では、宇宙がどのようにして始まったかを充分推測できない。ところが、『ミクロの世界の理論である量子力学を考慮すれば、宇宙の始まりを推測できることがわかるようになりました』（二四頁）

とホーキング博士は言うのである。そして、

『特異点の重力は非常に強いので、光もその周辺の領域から脱出できず、重力場によって引きもどされてしまいます。この脱出不可能な領域がブラックホールで、その境界は事象の地平線と呼ばれています。事象の地平線を通って、ブラックホールに落ちた物や人は、この特異点で時間の終わりを迎えることになるのです。』（二五頁）

ブラックホールとベビーユニバース

つまりブラックホールは「見えない世界」ということになるのである。しかも二個のブラックホールが衝突して一つになると、その合体した面積は、夫々の面積の和よりも大きいこともわかったと博士は書いている。さらにブラックホールは完全に黒くはなく、驚くべきことに、

『ミクロなスケールでの物質の動きを計算に入れると、粒子と放射がブラックホールから

漏れることができるというものでした。ブラックホールは、あたかも熱い物体のように熱を放出しているのです。』（二六頁）

さらに「ブラックホールとベビーユニバース」という章では、二つのブラックホールは、ベビーユニバースなる小宇宙を生むのだともいう。勿論これも「見えない世界」だ。詳しい解説はこの『ホーキングの最新宇宙論』を読んでいただく外にはないであろう。

そしてベビーユニバースは、ブラックホールに落ち込んだ粒子をつかまえるが、『これはいわゆる虚時間に発生する』と言い、ここに〝虚時間〟という概念が出てくるが、これは、『虚数と呼ばれる量で測られる時間です。虚時間の使用は、量子力学、そして不確定性原理を導き出すのに不可欠なのです。それは私たちが経験する通常の〝実〟の時間と直角に交わる時間と考えればいいでしょう』（四〇頁）

さらにブラックホールと時間が逆向きになるホワイトホールのことも同書・一一〇頁に出てくるが、こうなると、「見えない世界」どころか、考えることも難しい世界に没入するのであって、「見える世界」だけを考えて、それ以外をナイと否定する唯物論が、いかに「宇宙論」からも遠い存在であるかが分かるであろう。

しかもホーキング博士は、不幸にして持病の筋萎縮性側索硬化症により電動の車椅子で生活し、言葉も発せられなくなり、特殊の機械によってコトバを外部に伝える装置によって、研究成果を発表したり、受信したりする、極度の重障害者となられたのである。

このような巨大なハンディキャップを考えると、普通かそれに近い肉体状態にある人びとが、その障害を苦にして、自分の持てる「能力」「智力」「愛の力」を制約したり、自己限定することは、全くムダなことであると言わなければならないだろう。

そうではなくて、どのような人びとも、みな本来は「神の子」であり「無限力」の持主であり、無限のいのちの保持者であるという〝絶対神への信仰〟を把持して、明るくいきいきと善行を積み重ねて、〝不惜身命〟であることが望ましい。

何回も言うように、人間のいのちは無限である。単なるこの〝肉体人間〟だけが人の一生ではない。灰や骨になるのは、この〝肉体〟の話であり、真のいのちは生き通していて、無限である。次の生れ変りも、さらに次の次の生れ変りも、限りなく続く。そのときの姿は、今の〝肉体状態〟とは全く異なり、自由豁達なものでありうるのだ。

それ故少々の不自由に打ち負かされてはならない。肉体の繭にとらわれず、その主人公である蚕の自由をこそ感謝して〝羽化登仙〟のときを迎え、「神の子・人間・完全円満」を確信しておればよいと断言できるのである。

四　ありがたいことばかり

1　ありがたいこと

ホテルの話

近頃私は各地の練成道場へ行って約一時間話をし、そのあとで質疑応答に答えたり、体験談の発表を聞いたりする機会がある。そこで平成十三年は六月十日に、北海道の札幌教化部に出講することになった。当然、どこかのホテルで一泊する訳で、平成十三年初頭から札幌市内のホテルの予約を申し込んだが、どこも満室だというのである。どうしてかと思ったら、六月八日、九日、十日には、札幌で〝ＹＯＳＡＫＯＩソーラン祭り〟というのが行われるので、どこのホテルも満室だということが判明した。

これは困った。では札幌の教化部にでも泊めてもらおうかと思ったが、教化部は特別練成会中だし、当時は狭くて泊める部屋がないという。もともと古くて狭い会館だったので、最近別の広い土地に新築の教化部を建てる予定になっていたから、それももっともな話だと思った。（平成十五年には新教化部が完成した）

けれども札幌教化部では、いつもある旅行会社に頼んでいるから、聞いてみてくれたところ、その旅行会社ではアルというのだ。そんなことから、ナイのではなくて、アルというこことが判ったのだ。このように世の中には、ナイといっても、アルことはいくらでもある。よく不景気で仕事がない、という人もあるが、本当はアルのにナイ、ナイという。「金がない」といっても、本当はちゃんと持っているのに、ナイといって喜んでいる人もいる。

「へそくり」という奇妙なものがあっても、ナイと言い張るし、「食べられないから、ドロボーをした」という人もいる。職がなく、倒産しそうだから「悪いと知りながら、ウソを言った」というのも、実はウソであったりする。

だから、「ウソは言わないこと」を、全ての人々が実行するようになったら、この世の中の争い事やトラブルは全て消え去り、実にムダのない極楽世界が出現するだろうと思うのだが。

そのような訳で、やっと六月九日の夜と十日の朝利用する札幌の一ホテルの部屋を予約することができたのだった。しかしそのホテルでは、部屋代と朝食代とがコミになった形式のもので、〝朝食券〟というのがついていた。そこでその〝朝食券〟を持って洋食堂に行った。和食堂もあるが、そこは別室で、どちらでも選択できる仕組みである。

するとその時出て来た洋定食の分量の多いのには驚いた。まずその皿数は、ジュースと、コーヒーか紅茶と、果物入りヨーグルトがたっぷり一皿、パン類の皿には二枚のトーストと二個のクロワッサン、サラダが一皿、そして大皿には一人前プレーン・オムレツ（これは選択できる）と大型のハム二枚とベーコン二枚が次々に出て来たのである。大体アメリカ人などは沢山たべるということだが、ヨーロッパでは（南米でも）朝食はそう沢山とらないし、ブラジルでの朝食は果物だけという人も多かった。（この場合は昼食や夕食をたっぷりとたべる）

何とかしたいもの

最近私は朝食だけはいつも菜食主義で、ミルク以外は卵類も肉や魚も食べていない。だからホテルで出て来たこの朝食は、とても食べ切れる分量ではないのである。仕方がないからハムとベーコンは残して、あとを一所懸命食べた。周囲の人を見ると、もっと沢山残している人もいたし、低学年の小学生ぐらいの子でもペロリと全部平らげているのもいた。しかしホテル全体では、ずいぶん多量の残飯が出るだろうと思ったのである。

これらが皆ムダに捨てられる世の中（ことに日本）は、大いに資源の無駄遣いをしていることになるし、世界中には飢餓で苦しんでいる人々も多数いるのだから、こんな室代とコミ定食のやり方は、再考を要すると思ったのである。その他結婚式の宴会や、定食ばかりの旅館や料理屋も、もっと選択の余地を残した食事の仕組みを考えるとよさそうなものだと思った次第である。

しかしこのホテルのサービスは行き届いていたし、上品且つ丁寧で、ただよくないのは泊り客が夜間大声で話し合ったり、退室時にドアを明け放しにして、中の電気をつけっ放しで、乱暴な去り方をしていた部屋が目についたのは残念なことであった。

両陛下のご巡幸

さてその日の朝教化部に行くと、午前九時半から約一時間私が話をし、次に参会者に「質疑応答」はないかときくと、誰一人手をあげる人がいない。団体参拝練成会でも同じような時間割で毎回出講しているが、誰一人質問をしないということはなかったし、本部直轄練成道場でも、沢山の方々が手をあげて質問をされたものだ。時には一時間では足らないくらいの質問が出た時もあったが、「一人もいない」というのは始めてであった。まさか〝YOSAKOIソーラン祭り〟の影響でもないとは思うが、いくら念を押しても一人も手をあげないので、仕方なく体験発表の時間に移った。すると六人とも、とてもすぐれた内容の発表者が出たのは、大変有難かった。

先ずその時最初に発表されたのは、北海道虻田《あぶた》郡ニセコ町字本通に住んでおられる浪岡三郎さん（大正十年二月生まれ）という方で、昭和二十九年八月に昭和天皇皇后両陛下が戦後始めて北海道に御巡幸なさった時のことだ。八月七日の函館を皮切りに、十六日間にわたり北海道の各地をお回りになられた。そして終戦後の復興に努力していた道民を激励されたのである。北海道ばかりではなく、全国をご巡幸なさった。小樽教区においでになったのは八月の十九日で、小樽からニセコにおこしになり、ニセコ観光ホテルにお泊まりになり、二十日は終日ホテルで御静養になったそうである。

二十一日にはホテルをご出発になり、途中余市《よいち》によられて札幌へお越しになるご予定であった。当時浪岡さんは左翼政党の党員であり、労組の組合員でもあった。当時ニセコ町は狩太町《かりぶと》と言ったが、陛下をお迎えする会場は狩太小学校グラウンドであった。そこで彼ら労働組合員は、近隣の労働組合に連絡をとりながら、当日は四百名の組合員を動員して「天皇制反対」の気勢をあげる計画だった。

そこで前日から組合員たちはこのグラウンドに召集され、繰返し繰返し「天皇制反対」の練習をしたのである。当時の浪岡さんは声が大きかったので、「天皇制反対」の音頭をとる役目が与えられた。彼が先ず「天皇制」と叫ぶと、組合員たちは「反対」と叫び、左手のこぶしを握って、斜め右に突き上げるのだ。何故左から右に上げるかというと、まっすぐ上に上げると、〝萬歳〟と間違えられるからだという。そんな細かいことまで練習をした。勿論上部組織から指導員が派遣されていて、そのように教えた。

さて、いよいよの当日は小雨が降っていた。時刻は大体三時頃だったが、両陛下のお車が静かにグラウンドの入口に停まった。それまでザワついていた会場は、ピタッと水を打ったように静まった。両陛下はお車を降りられて傘をさされ、お立ち台の前に来られるとその傘をたたまれ、お付きの方に傘を渡され、お立ち台にお立ちになった。

プログラム通りに行事が進んだが、いよいよ町議会議長の発声による「天皇皇后両陛下萬歳」を行う時になった。さあ浪岡さんたちの出番だ。そこで浪岡さんが「天皇制・反対」の音頭を取るため大声で発声しようとすると、突然強い電流に打たれた感じがして、まるで金縛りになったように全身が動かなくなった。目も見えず、のどもカラカラだ。ただ町議会議長さんの声と、萬歳の叫び声だけが、まるで雷のように耳に響くのであった。

そして浪岡さんもまた「萬歳！」と叫んでしまった。すると驚いたことに、彼だけではなく、約三百名ぐらい集まっていた労組のほとんどの人たちが、やはり「萬歳！」と叫んだのだ。しかも労組の全員が、天皇陛下のお立ち台の前に張られたロープをくぐり抜けたり飛び越えたりして、お立ち台をぐるっと取り囲んだ。すると天皇皇后両陛下はお立ち台から降りて来られ、ことに皇后陛下はニコニコとした笑顔で、まるで労組の一人一人に話しかけるような態度でお手をあげられて会釈をされ、お車に乗って行かれたのである。

そのあとを組合員が「ワーッ、萬歳」と叫びながら追いかけようとしたところ、その時はじめて三、四十名いた警官が止めに入ったのである。その広場には労組員をいれて千人位の人が集まっていたが、まるで労組員が一番喜んでいたように見えた。お互いに肩をだき合ったり、手を握り合ったりして、ニコニコしていたのである。

反省と結論

するとその晩になって、上部から派遣されていた〝総轄委員〟たちに十数名の代表者が召集され、〝反省会〟が開かれた。その内容は全て浪岡さんに対する詰問の会合だった。前日から集まり、繰返し練習して来た本部方針に、どういう理由で〝ああいう行動〟を取ったのかという追及だ。浪岡さん自身も、どうしてあんなことになったのかと色々考えた。しかしどうしても明確な理由が出て来ない。ただあの時はカーッとなってしまい、何か別のものが入りこんで、それに命令されて動いたといった感じである。だから、ただこう答えた。

「日本人だからとしか、言い様がありません」

するとこの労組の代表者たちが不思議にも、

「その通りだ」

と、賛成してくれたのである。その後さらに上部組織から何らかの処置が来るかと思っていたが、その後は何もなくて、いつしか浪岡さんの気持がどんどん変わって行く。「これでいいのか？」という自問自答を繰り返した。それが十数年間続いたが、その迷いのトンネルから抜け出して、やっと「生長の家」の聖使命会員になろうと決意したのが、昭和四十五年になってからだった。

というのも浪岡さんの奥さん、きくえさんが昭和二十九年から、三郎さんを生長の家の聖使命会員に入れておいてくれ、彼の友人もどこかで生長の家をやっているということを知っていたからであり、このことが彼自身の天皇陛下の御前での体験と「日本人だから」という答えへの内省と結びついて出て来た結論だったと言えるであろう。

こうして現在の浪岡さんはニセコでの熱心な相愛会員であり、地方講師としても活躍を続け、八十歳の長寿をたもちつつ幸せな日々を送っておられると発表されたのであった。

このように天皇陛下と日本人の心とは、本来一つのものであり、そのことが生長の家の『大調和の神示』には、

『……皇恩に感謝せよ。汝の父母《ちちはは》に感謝せよ。汝の夫又は妻に感謝せよ。汝の子に感謝せよ……』

と教示されている所である。それ故日本国は二千年以上も昔から、天皇陛下を中心とした国家体制を護り続けて来ているのであり、それを変革して自分が中心者になろうという者は出現しなかった。勿論人の命は百年内外しか続かないから、天皇陛下の御血統が代々

の天皇に即位され、中には女性天皇も出現されたのである。

天皇陛下の御心

このようにして第二次世界大戦で敗北した時も、天皇中心国家としての日本国は保存された。この日米戦争でも、昭和天皇陛下は最初から戦争反対をのべられ、日米交渉なるものは昭和十五年末から始まっていた。しかし昭和十六年十二月八日不幸にして日米開戦となったが、陛下は昭和十六年九月五日に「成るべく平和的に外交をやれ。外交と戦争準備は平行せしめずに、外交を先行せしめよ」と陸海統帥部長を呼びよせて申しわたされたのである（「杉山メモ」より）。その翌日に御前会議が行われたのであった。

こうした陛下の御努力もむなしく、遂に始まった大東亜戦争（太平洋戦争）で日本軍は敗北し、「ポツダム宣言受諾」の玉音放送が行われたのは忘れがたい思い出だ。その時の一国民としての気持を、岡好さん（宇都宮市在住の元小学校校長）は、平成十三年六月十六日の『産経新聞』に、次のように投書しておられた。

『ラジオを聴き、最もショックだったのは終戦を告げる昭和天皇の玉音放送である。忘れもしない学徒勤労動員先の日光精鋼所で、真夏の太陽が容赦なく照りつける広場に直立し、工員とともに耳を傾けたラジオは、雑音が混じる中、はじめて耳にする玉音放送に感きわまった。

当日、重要放送があると全員集合がかかり、これは何事が起こったか、不安と期待とが交錯する中で、思いもよらぬ内容にがく然とした。

思えば何もかもが統制されていた戦時中、十代半ばで育ち盛りの私は、学友とともに「欲しがりません勝つまでは」を合言葉に、食糧難で米はなく、サツマイモやカボチャ、大豆の代用食を食うや食わず。急造の社宅で厳しい日光の冬を素足で越し、勝利を信じて夜勤も何のその、油まみれで働きづめに働き通してきた。

そうした中で、多感な少年時代に聴いたあの独特の口調の「重大放送」は、いまだ脳裏に焼き付いて忘れられない。

このラジオ放送は日本の行方をも大きく変えたのである。(元小学校校長)』

しかもその後昭和二十年九月二十七日に、昭和天皇陛下はマッカーサー連合国軍総司令官を東京のアメリカ大使館に訪問され、奥村通訳一人を交えてご会見になった。あとになって『マッカーサー回想記』の中で、マッカーサー自身はこう語っている。

『私は天皇が、戦争犯罪者として起訴されないよう、自分の立場を訴えはじめるのではな

いか、という不安を感じた。(中略)
しかし、この私の不安は根拠のないものだった。天皇の口から出たのは、次のような言葉だった。
「私は、国民が戦争遂行にあたって政治、軍事両面で行なったすべての決定と行動に対する全責任を負う者として、私自身をあなたの代表する諸国の裁決にゆだねるためおたずねした」
私は大きい感動にゆすぶられた。死をともなうほどの責任、それも私の知り尽している諸事実に照らして、明らかに天皇に帰すべきではない責任を引受けようとする、この勇気に満ちた態度は、私の骨のズイまでもゆり動かした。私はその瞬間、私の前にいる天皇が、個人の資格においても日本の最上の紳士であることを感じとったのである。(中略)
天皇との初対面以後、私はしばしば天皇の訪問を受け、世界のほとんどの問題について話合った。私はいつも、占領政策の背後にあるいろいろな理由を注意深く説明したが、天皇は私が話合ったほとんど、どの日本人よりも民主的な考え方をしっかり身につけていた。天皇は日本の精神的復活に大きい役割を演じ、占領の成功は天皇の誠実な協力と影響力に負うところがきわめて大きかった』(津島一夫訳『マッカーサー回想記』朝日新聞社

刊、下一四一～一四二頁）（出雲井晶編著『昭和天皇』日本教文社刊より再引用）

まさに『君民同治の神示*』に示された如く、「一」なるいのちを生きるわれらの祖国と言わざるを得ないのである。

＊特別練成会＝生長の家総裁、谷口清超先生ご指導のもとに行われる練成会。

＊『君民同治の神示』＝谷口雅春先生が霊感を得て書かれた言葉で、この神示の全文は『新編 聖光録』『御守護 神示集』（いずれも日本教文社刊）等に収録されている。

2　当り前の人間

不満足

全ての人も動物も、親から生まれてきた。もし親がいなかったら、子は生まれないし、今この世にこうして生きているわけには行かない。だから子供は親を愛し、感謝し、親は子を愛し、子供が立派に成長してくれることを、心から望んでいる。だから鳥でも、一番安全な所に巣を作って、卵を生み、それを護り、温め、外敵が来ても中なか逃げようとしないときもある。

それ故もし生まれた子供が弱かったり、体の出来具合が悪く、障害があったりすると、とても苦しみ、悩み、よくしようと努力するものだ。だから親の愛は、限りなく深い。手も足も不完全で「五体不満足」であった子が生まれた場合の、親の気持を考えると、とてもつらかったのに違いないのである。

しかしその「不満足」がごく軽い場合もある。たとえば平成十四年二月二十八日の『讀賣新聞』には、横浜市の板倉直寿さんの、次のような投書がのっていた。

『カツラや植毛の広告が目に付くようになって久しい。利用者はどんどん増えているようだ。はげた頭は外国人には似合うけれど、日本人にはあまり似合わないという声も耳にするが、それは本当だろうか。

実は、私は典型的な「はげ頭」の持ち主である。しかし、それをこれまで一度も恥ずかしいと思ったことはない。二十代のころから薄くなり、三十九歳の時には横分けからオールバックに髪形を変えた。その方が、風にも髪形がくずれないからだ。数年前、母から「お父さんも三十九歳の時にオールバックにしたのよ」と聞き、「ああ、やっぱり親子だな」と妙にうれしくなったのを覚えている。

はげには、はげの「美学」がある。はげにもその人の人柄が表れる。ただくよくよして、カツラに何十万、何百万もの大金をつぎ込む人がいることが信じられない。自由を束縛されているようで気の毒に感じる。

人にはいろいろ事情があるのでカツラを非難するつもりはさらさらない。でも私としては「美しくはげましょう」と言いたい。』

この板倉さんは、はげにも、はげの「美学」がある、「美しくはげましょう」と言っておられるから、一種の悟りに達しられたようで、立派だ。カツラなどに大金をつぎこむ必要はない、とおっしゃるのは、もっともだと思うが、カツラ屋さんは反対意見かも知れない。

実は私の実父（荒地清介）の頭もはげていた。私が気がついた時は、すでにはげていたが、何時ごろからハゲたのかと母親に聞くと、「結婚した時からはげていた」といわれた。総後退型で、外出する時は中折れかカンカン帽をかぶっていたが、いつも後ろからは三日月型のはげの部分が見えていた。羽織袴姿で裁判所に通っていたし、家でもいつも和服だった。

親と先生

そんな訳で、私もはげるかと思っていたが、八十四歳になるこの年まで、髪の毛はあるし、白髪でもない。白いものが少しまじり出したくらいだ。そこで私の息子などは、「隔世遺伝かもしれない」などと言って警戒していたが、そうでもなさそうである。

私は父が広島の裁判所に勤めたころ生まれたので、幼いころ父が私を抱いて散歩してくれたことを今でも憶えている。そして〝仁丹のおじちゃんの広告〟をさがしてくれた。その古めかしい軍帽をかぶった広告を見ると、ニコニコと笑ってはしゃいだ記憶が、今もかすかに残っている。父は裁判所では判事だったから、はげをちっとも気にしていなかったようだ。何しろ「ゆっくりと大学を卒業した」そうだから、その間にはげたらしい。

もともと、どんな親子でも、小さい頃はお互いに愛し合い、子は親をお手本にして生きて行くものだ。そして学校に行くころになると、先生が親に替わって、〝お手本〟を示してくれる。だから学校の先生の行動は、とても大切だ。ところが平成十四年十月五日の『讀賣新聞』には、こんな投書がのっていたのである。

『高校生　小林　英治　17（福島県会津若松市）

東京の千代田区で「路上喫煙禁止条例」が施行されるなど、喫煙をめぐる社会の意識も変わってきたが、学校の中での喫煙に対する意識には今も疑問に思うことが少なくない。先日も、学校の遠足の写真撮影で生徒が集合しているそばで、ある先生がたばこを吸い始めた。煙が強い風に乗って、僕の鼻をついた。

実はこうした光景は学校内でもよくある。職員室は生徒の出入りが頻繁で、清掃も生徒が行っているが、一部の教師はそうした生徒たちを気にもとめずに喫煙している。職員室内はコーヒーとたばこの入り交じった喫茶店のようなにおいがする。

公共施設や病院などの多くには、喫煙場所が設けられているのに、子供たちが生活する学校にないというのはどうしたことだろう。

宇都宮市では来春から、すべての市立小中学校の教職員に「完全禁煙」を課すという。僕も保健体育の授業で、たばこで黒くなった肺の写真を見たことがあるが、学校で、たばこの害をきちんと教えていることを考えれば、こうした取り組みは当然のことのように思う。全国すべての学校で「完全禁煙」が実施されることを望んでいる。』

生長の家を知って

さて平成十四年九月二十八日に、総本山で行われた団体参拝練成会で、金沢市笠市町《かさいちまち》に住んでおられる近藤新三朗さん（昭和四十六年十月生まれ）が次のような体験を話して下さった。彼の父は三朗さん、母は則子《のり》さんといったが、このお二人は「生長の家」を信仰しておられた人だ。そこで新三朗君も小さいころから両親を見習って「生長の家」の教化部に行ったり、小学生練成会などに参加して「生長の家」を少しずつ知るようになった。

その後彼は富山大学に入学して、青年会*活動を本格的にやり出した。さらに青年会の委員長をつとめたりした。卒業後も富山市で就職し、青年会活動も続けていた。ところが平成十年の二月になると、急に体調をこわし、腎臓が悪いから〝透析をする〟ことになった。そこで実家のある金沢市にもどり、富山での仕事もやめてしまったのである。

最初にかかった病院は城北病院だったが、はじめ腹膜透析を受けた。普通は血液透析と言うのをするのだそうだ。これだと二、三日に一遍ぐらい病院に行けばよいが、腹膜透析だと自宅で行える。その代り一日四回、六時間おきに透析をする必要がある。近藤君はこれをやり出した。するととても不自由で、中なか自由に水も飲めない。だからかなり辛い毎日が続いた。

さらに又透析を始めるころからご両親は、

「腎臓移植をしたらどうか」

と言って下さった。しかし腎臓をどこかで売っているわけではない。だから両親のどちらかの腎臓を一つもらうということになる。そんな申し出を、進んでして下さったというから、これは〝親の愛〟の現れだと言わなければならないだろう。だから新三朗さんはとても悩んだのである。この申し出を、受けたものかどうかと。受けるとすると、両親のどちらかの身体を傷つけて、その大切な腎臓を一つ頂くことになる。ありがたいことだが、気安くもらうわけにも行かない選択だった。

こうして新三朗さんは、平成十年の九月に、生長の家の総本山での団体参拝練成会に行くことをきめた。するとそこで私やその他の講師の方がたの講話を聞き、私の受け持ち時間には〝質疑応答〟の時間があったので、近藤さんは質問した。すると、今与えられた環境に感謝し、「神想観」をよく行って、自分で決めなさいというような答えだった。

彼の悩みは何となくフッ切れたようで、帰宅してからも「神想観」を真剣に行い、透析をはじめて後平成十年五月からは教化部職員になれたので、この仕事を一所懸命に行った。そしてそれからの事は全て「神様に全託する」気持で生活をしたのである。

この決意も正解だ。難しい問題は、自分の我《が》の心で決めるのではダメで、全てを神に全託すると、神さまの創造された〝完全円満な実在界〟の智慧や愛を自然法爾《じねんほうに》に受け入れ、最善の行動がとれるようになるものなのである。

検査してもらう

その後もご両親は、別に彼にこうしなさいと強制されたわけではないが、新三朗さん自身も人工透析のわずらわしさを感じていたので、もし自由に働ける身体となり、光明化運動にもっと貢献できるのであれば、という気持になってきた。そして両親の愛を素直に受けようと決心した。

すると両親はとても悦ばれ、金沢医科大学病院の診察を受け、母親の則子さんの血液型が同じだからというので詳しく検査してもらった。二週間も病院に通ってくれ、彼は母親の愛の深さに感動したが、その検査の結果が出たので、則子さんは喜んで病院に行ってくれた。その日新三朗さんが仕事から帰ってくると、母親は炊事をしておられたが、何か重苦しい感じがした。しばらくしてから、

「ごめんね。私の腎臓は、移植に適さんかった……」

と言って泣き出された。その時彼は、母親って、ここまで愛が深いのかと思うと、心から感動したのである。その後は父親が替わって、

「わしの腎臓を、一つでも二つでもあげよう」

といって、病院の検査に行って下さった。父親の三朗さんは会社の社長さんだったが、二週間も検査に通い、さらに移植のために一ヵ月間仕事を休んで、腎臓の手術を受けてく

れた。そして平成十一年の十二月には、二人そろって腎臓の移植手術を受けたのである。

手術直後の次の日の朝、新三朗さんが麻酔から目を覚ますと、看護婦さんが、

「おしっこ、出てるよ」

と知らせてくれた。

「ああ、おしっこが出たのか」

と思うと、今まで〝当り前に小便が出ること〟にあまり感動は憶えなかったが、当り前に尿が出ることが、こんなにも嬉しいことかと思い知らされた。さらに水も、自由に飲めるだけ飲んでいいよと言われた。この当り前のことが、とても嬉しく有難いことだと感動した。

するとこの腎臓だけではなく、身体全体にある全ての内臓が、手が動き、足が動き、「あたり前に呼吸ができる」というその「当り前のこと」が、とても有難くすばらしいということが実感できたのであった。この「当り前」のありがたさについて、『自然流通《じねんるつう》の神示*』の中には次のように記されている。

『「生長の家」は奇蹟を見せるところではない。「生長の家」は奇蹟を無くするところである。人間が健康になるのが何が奇蹟であるか。人間は本来健康なのであるから、健康にな

るのは自然であって奇蹟ではない。「生長の家」はすべての者に真理を悟らしめ、異常現象を無くし、当り前の人間に人類を帰らしめ、当り前のままで其の侭《まま》で喜べる人間にならしめる処である。あらゆる人間の不幸は、当り前で喜べない為に起るものであることを知れ。当り前で喜べるようになったとき、その人の一切の不幸は拭いとられる。……唯、一切が渾然として一切の者が富んでいる。此れが実相である……』

ありがたい人生

人は時どき、手術したり入院したりすることを「信仰なきもの」と思うことがある。何も他の人から移植されたり、手術や介護をうけないのが「神を信仰するもの」と思い込むこともあるだろう。しかしそれのみが正しい信仰者だとは、どこにも書いてない。〝奇蹟〟を求めて、それが信仰の証しだというのは、〝奇蹟〟にとらわれた考えだ。「自然」の中にこそ、「当り前」の中にこそ「神の子」の実体があるのだ。

しかも「当り前」の人間は、大変な富者である。前例の如く腎臓は左右に二つあり、心臓は一つある。しかしそのいずれも、何兆円出しても、買うことのできない大切なものだ。手も、足も、指一本でもそれに代るものは、どこにも売っていない。世界中どこを探し回ってもナイのである。このような無限の宝が、すでに親から与えられている。その親に感謝することは、即ち「神に感謝する心」に直通する。

さらに又われわれは、日本という祖国の中で当り前に暮らしている。そして保護されていて、人権も尊重されている。外国でも多くの国はそのように発達しているが、中には日本の国民を拉致して、袋づめにして運び出したような国もあった。それをわが国では護ってくれているし、もし拉致されたら取り返してくれて「原状復帰」を求めるのが「当り前」の祖国の姿だ。

そこで『自然流通の神示』は「当り前」について、さらにこう示してある。

『大いなる生命の流れが一切者に貫流し、とどまらず、堰《せ》くところなく、豊かに流れて、ものの供給もおのずから無限である。一切のもの必要に応じて流れ入ること、一つの大河の流れより水を汲みとれば、隣の水来りて其の虚《きょ》を埋《うず》めるのと同じさまである。流通無限、貧に執せざるが故に貧とならず、富に執せざるが故に他を搾取せず、流通せざる固定の富なきが故に、みずから豊富なる供給の流れを受くれどもそれを占拠せず、執着せず、来るに従って拒まず、受けて更に価値を増して他を霑《うるお》す。自給自足などとは自他に捉《とら》われた狭い考えである。自他は一つである。「生長の家」は自給他足、他給自足、循環してとどまらず、大実在の無限流通の有様を見て、その有様の如く現実世界を生きるのが現実界の「生長の家」である……』

もちろん近藤新三朗さんが父から受けた腎臓は、父母の愛を頂いたのであって、搾取でもなく、自給自足でもない。考えてみると彼の肉体全体が両親からの、そして神様からの頂きものであったと思い、感謝したのである。そして彼は、

『もっとすばらしいものは、両親からこの「生長の家」の教えを頂いたことが、僕にとっての最高のプレゼントだったと、今思っております。これから両親のご恩、そして今まで全ての人から頂いたご恩に報いるのは、この教化部職員を通して人類光明化運動、そして国際平和信仰運動に貢献してゆくことだと思っております』

と話されたのであった。即ち『自然流通の神示』には又続いてこう書かれているのだ。

『「当り前の人間」が神の子である。皆此の真理を悟った人が少い。「当り前の人間」のほかに「神の子」があるように思って異常なものを憧れるのは、太陽に背を向けて光を求めて走るに等しい。……異常現象のなかに神があると思うな。そこには好奇を喜ぶ不自然な心があるばかりである。怒り、憎しみ、恐れ、嫉《ねた》み、他を蹂躪《ふみにじ》って打ち勝ちたい心――すべて是等は異常な心であるから病気の因《もと》である。異常な心を去れば病気も貧しさも治る。

当り前の人間になることが大切である。当り前の人間のほかに神の子はない。』
（昭和八年一月二十五日神示）

＊青年会＝生長の家の青年男女を対象とし、生長の家の真理を学び実践する会。
＊『自然流通の神示』＝谷口雅春先生が昭和八年に霊感を得て書かれた言葉で、この神示の全文は『新編聖光録』『御守護 神示集』（いずれも日本教文社刊）に収録されている。

3　すでに与えられている

公邸泊り

私たちは毎日、夜になると眠り、朝になると目が覚める。自宅ではごく当り前のことだが、どこかへ出張したりした時は、いつものように安眠できないところへ泊まることもある。すると、今まで安眠できた自宅や、いつもなれ親しんだ寝台や寝室が「いいな」ということになるだろう。こうして、「今すでに与えられているもの」のありがたさに気付くのだ。

私は前述の如く総本山での団体参拝練成会に出席して、午前中の三時間を受け持ち、講話や質疑応答などを行っているが、その間総本山の境内地にある公邸に宿泊している。ここは晩年に谷口雅春大聖師と輝子聖姉*がお住みになっていた建物である。かなりの面積があり、二階建てだから、私が宿泊して困ることは何もない。トイレも寝室の隣にくっついていて、きわめて便利である。ベッドの右側から行くと、二、三歩で用が足せるほどだ。おまけに中に沢山手摺りがついているから、いくら歳をとっても大丈夫なように出来ている。

しかもこのあたりは空気がきれいで、海岸が近くて樹の緑も多い。平成十四年十月二十六日、二十七日と行った時は、食卓にシイの実なるものを出してくれた。これはこの建物の近くにあるシイの木に実ったという。昔は長崎空港からモーターボートで公邸の船着き場まで来たが、このごろはもっぱら車で大村湾の周囲を半周し、一時間十五分ぐらいでやってくる。モーターボートだと五十分ぐらいだが、船の借り賃を節約するため、近ごろは使わないのである。

ところで今回〝団参〟に参加した日には、航空券に〝誕生日割引き〟の制度が適用され、機内でもカードなどをもらい、何となく明るい気分になったものだ。公邸に着いてからは、昔本部に勤めていた人からプレゼントまで頂いた。その品物の外箱を外して、中味のネクタイと帽子だけを、持参したリュック型のカバンに納めた。帽子も柔らかい生地で、すべてリュックの中に入った。このリュックには入れる場所が大小合わせて八ヵ所ほどついている。

飛行機の中で

翌二十七日（日曜日）には、雨の天気予報だったが、朝起きてみると雨はやみ、曇りだった。そこで朝食後、四本堂《しほん》という海岸にある公園に行って写真をとった。ひどく天候の変わりやすい日だが、コスモスが一面に咲いていたので、それを何枚か撮った。幸い日が照って、青空も出ていた。しかし雲がどんどん移り変るので、青空を画面に入れるためには少し苦心したが、やがて雨が降り出した。風も強く、ちょっと晴れそうもないので、数枚撮っただけで公邸に引き上げて、九時半からの午前の講話に出かけた。

写真を撮る場合も時間的にピッタリと好条件になることは滅多にない。時には何時間も待機したり、プロになると何日間も待っていなければならないことがあるようだ。私はプロではなく、出張の合間をみて撮るのだから、ドンピシャリと好条件になるのは難しい。それでも〝今日はうまくいった〟と思うとありがたかった。

やがて私の受け持ちの十二時半が過ぎたので、公邸に引きあげて昼食を頂き、一時半から帰宅のため長崎空港に向かって出発した。雨は降ったりやんだりの状態が続いていた。さて長崎空港に着き、荷物を預けてから、さらに搭乗者の控え室に行くのだが、その入口のところで携帯する荷物の検査がある。

この検査が今回はことにきびしかった。羽田の出発時にもそうだったが、帰りの長崎空港でもきびしくて、私のリュックは一遍では通らず、三回ぐらいやり直しをさせられた。そのたびに中の荷物をしらべられて、今回はその度ごとに検査官が一つ一つ中身を取り出して調べた。そして又中身をもとのリュックに入れてくれるが、私の八つあるポケットのどこに入れるか、私には分からない。大抵もとの場所に入れてくれるが、今回はツメ切りと小さな糸切りバサミが検査にひっかかったのであった。

こうして検査にはかなり時間が掛かったが、とにかくその場所を通過して、やっと三時二十分発のＪＡＬ一八六便に乗ることができた。私はいつも飛行機はエコノミー席に乗るが、その間大抵文庫本などを読むことにしている。そこで当日も文庫本を二冊持参したので、その中の一冊を読もうと思ってリュックの中を探したが、ないのだ。一番大きなポケットに入れていたから、そこを探しても、その他のポケットにも見当らない。

そこで私は、公邸内に忘れたのかと思ったが、どうしても忘れた気がしない。リュックの中には、入れたはずの誕生祝の帽子とネクタイもない。これはテッキリ携帯荷物の検査場で、検査官が三回も中をしらべた時、入れ忘れたのだろうと思った。そこでスチュワーデス嬢にその旨を告げて、検査場に問い合わせて下さいとたのんだ。彼女は、今すぐは飛行機が離陸するので、自分も着席しなくてはならないから、そのあとで連絡しますと返事して立ち去った。

リュックの中身

私は坐席で、「荷物が見つかるといいな」と思いながら待っていた。中に入れていた文庫本の一冊は、図書館で借りたものだから、返さなくてはならないもの。あとの帽子やネクタイは私がもらったもので、紛失しては申し訳ないが、止むを得ない……などと思っていた。するとやがてスチュワーデス嬢が来てくれて、「今長崎空港に問い合わせたら、検査場にはどこにも見つからないから、ほかの待合室などを探してくれています」というのだ。

それは有難いご深切だが、あの時は別にどこにも立ち寄らず、まっすぐ検査場まで来たから、あの荷物（帽子など）はどこへ行ったのだろうと考えていた。しかしどこにも心当りがない。そのうち彼女は私の席まで来てくれて、どこにも見つからなかったと言う。「だからもう一度念のためお客さんのリュックの中を調べさせて下さい」と言う。

そこで私は上の荷物棚に入れてあるリュックを下ろしてもらい、自分でリュックの一番大きなポケットに手をつっ込んで、底の底までしらべてみた。すると底の方から、次々に帽子やネクタイや二冊の文庫本、それに私の洗濯した靴下とパンツまで出て来たのである。

私はまるで、手品師の手品を見るような気がした。そして「すまないことをした」と思って、スチュワーデスさんに謝った。彼女は「よかったですね」と笑って立ち去ったが、要するに検査官さんが、力一杯これらの荷物をリュックの底の方に平らに押し込んでくれたので、私が最初手でさぐった時、そこがリュックの底辺だと勘違いしたのだ。

つまり私が「ナイ、ナイ……」と思った物は、すべて私の手許にあったのである。これは私が今まで何回も経験したところであり、今回もまたこりもせず同じ失敗をして、「すべてのものは、すでに与えられているのである」という実在界の真実を、あらためて教えられた次第であった。

私はしばらく深い感慨にふけっていたが、急に尿意をもよおしたので、立って近くのトイレに入った。するとすぐ機内放送で、もうすぐ着陸体勢に入るから、今のうちにトイレをすませて下さいと、ドンピシャリのタイミングの放送があった。

スチュワーデス嬢が、「もう一度手荷物の中を調べさせて下さい」と言ったのは、私のようなあわてものの客が、他にもいたという体験によるものであろうと思うと、人間はどんな仕事についていても、その中での体験で、いろいろと人生の機微を学ぶと言えるのである。

さて、やがて羽田に着き長崎空港であらかじめ機内の荷物室に預けておいた荷物二個を受け取って外に出ると、秘書室の人が二人で荷物類を受け取りに来てくれていた。われわれを本部の車で運んでくれるのだが、その帰りの道路が混んでいて、自宅まで七十五分ぐらいかかるだろうという。それでは帰宅がかなり遅れるので、モノレールに乗り、ＪＲに乗り継いで随行の秘書さんと共に帰ろうと思った。雨は降ったりやんだりしていても、大したことではなかったからだ。

原宿にて

モノレールは丁度すぐ発車するのがあり、ＪＲも空席があったので、四十五分ぐらいで原宿駅に着いた。そこから自宅まで歩いても、十五分ぐらいで帰られる。合計一時間だ。小雨もふることがあるので、なるべく早く歩こうと思い、いつもは通らない裏道を通って家路へいそいだ。すると小さな路のところの曲り角の、ちょっと斜めになった小路を歩いた時、左足が引っかかって、勢いよく転倒した。そして左手と顔の左半面と両脚のヒザとをスリむいてしまったのである。

自宅の近くだったから、そのまま家に帰ったが、これはやはり私が帰宅をあせり過ぎたからだ。いつも午後六時が夕食の時間だから、なるべくそれまでに帰りたいという〝引っかかる心〟がいけなかった。今後は多少遅くなっても、車で迎えに来てくれたのなら、その車に乗って荷物と一緒に帰ろうと思った。

私は出張に出かける時はよく電車を使っていた。近ごろの東京近辺の道路はとても混んでいるので、何時間かかるか分からないことがある。出発の時は正確を求めるが、帰宅時は多少遅くなっても、主な仕事には差し支えない。家の者には、時間になったらサッサと夕食を食べて、風呂にも入ってもらうことにした。

しかしこうして転んでみると、右手だけ何も不自由でなく完全によく動くことに、大いに感謝する結果になった。私はそのころ右手でいつも手書きの原稿をかいていたから、とても助かるのだ。左手も、顔面も大した傷ではない。だからその翌日も両手でピアノも弾けた。もっともまだ下手くそだが……顔面にもバンソーコーを貼って本部に出掛けた。近ごろはバンソーコーにも色いろの種類があって、とても便利になったものだ。

貝原益軒の教育

さらにもう一つ付け加えると、リュックサックの中に入れておいた文庫本の一つに、図書館で借りた『養生訓・和俗童子訓』という貝原益軒著の岩波文庫（石川謙校訂）があった。これは一九六一年発行（初版は）のものだから、紛失すると困るのだが、幸いちゃんとあったから有難い。しかもその内容がまたとても参考になった。

普通貝原益軒というと、その『養生訓』が有名だが、本当は数多くの著述（全集本にもなっている）がある。この『和俗童子訓』も子供の教育について書かれたもので、その「巻之一の総論上」には最初にこう記されていた。

『わかき時は、はかなくてすぎ、今老《おい》てし（死）なざれば、ぬす人《びと》とする、ひじり（聖）の御いましめ、のがれがたけれど、ことしすでに八《や》そ（八十）じにいたりて、つみをくは（加）へざるとしにもなりぬれば、かかるふよう（不用）なるよしなしごと（無由言）云《いい》だせるつみをも、ねがはくば、世の人これをゆるし給へ。（後略）』

若いころはすぐ過ぎ去ってしまうから、今年老いて死ぬのは当り前で、もし死ななければ盗人のようなものだとの聖人の教えがある。だからもう死ぬ年ごろになったから次のような「つまらぬ助言」を残しておくことをおゆるし下さい――と、きわめてへりくだったた前おきを書いておられる。俺は賢人だから教えてやるのだというような考えで文章を書いてはいけないと、きわめて深切な助言を与えられたのである。さらに人の教育は早くから始めよと、次のように述べられている。

『かんがへ見るに、およそ人は、よき事もあしき事も、いざしらざるいとけ（幼）なき時より、ならひ（習）なれ（馴）ぬれば、まづ入《いり》し事、内にあるじ（主）として、すでに其性《せい》となりては、後に又、よき事、あしき事を見ききしても、うつり（移）かたければ、いとけなき時より、早くよき人にちかづけ、よき道を、をしゆべき事にこそあれ。墨子《ぼくし》が、白き糸のそまるをかなしみけるも、むべなるかな。（後略）』（二〇六頁）

このように人は幼児期に習ったことは、善悪に拘らず、習い性《せい》となっているから、後年期になってから教えられても中なか身につかないと言う。これは全ての学習について言えることであるから、教育をするのに「早すぎる」ということはない。ことに音楽やその他の芸事では、さらに数学でもソロバンでもそうであり、母国語でもすでに胎児のころから母の体内で父母の話すコトバを聞いて学習しつつある。

だからその時の父のコトバや言動も、母のそれと同じく、とても重大な影響を及ぼすことを心にとめて置かなければならない。さらにマナーやエチケット、道徳についても同様であると述べておられる。

『およそ、人となれるものは、皆天地の徳をうけ、心に仁・義・礼・智・信の五性《ごせい》をむまれつきたれば、其性のままにしたがへば、父子、君臣、夫婦、長幼、朋友の五倫の道、行はる。是《これ》人の、万物にすぐれてたうと（貴）き処《ところ》なり。ここを以て、人は万物の霊《れい》、と云へるなるべし。霊とは、万物にすぐれて明らかなる、智あるを云へり。されども、食にあき、衣をあたたかにき（着）、をり（居）所をやすくするのみにて、人倫《りん》のおしえなければ、人の道をしらず、禽獣《とりけだもの》にちかくして、万物の霊《れい》と云へるしるしなし。（後略）』（二〇七頁）

ここに言う「天地」とは「神様」というような意味である。人は神の御徳、即ち仁・義・礼・智・信の五性を生まれつき持っている「神の子」だと言いたいのだ。その本性（五性）のままに従えば、おのずから人倫にかなうのだが、とかく人は食事や衣服にばかり気を使い、居場所の安楽さを求めるばかりで、人倫（五性・本性）の尊さを教え、それを現すことを努めていないが、これでは禽獣と同じことで、万物の霊長とは言い難いという教えである。さらに又、益軒大人は教育は「ものを食い、ものを言い始めるころから始めるのがよい」とのべ、

『初《はじめ》て書を読《よむ》には、まづ文句みじかくして、よみやすく、覚えやすき事を教ゆべし。初《はじめ》より文句長き事ををしゆれば、たいくつ（退屈）しやすし。やすきを先《さき》にし、難《かた》きを後に

すべし』（二四六頁）

とも教えている。これは読書ばかりではなく、全ての学習に通ずる心得である。しかも老若男女を問わない。しかしながら人生には色いろの出来事が起るから、それらの中には「難しい事」も沢山でてくるのだ。分からない部分もふくまれているだろう。しかしそれは難しくて「分からなくてもよい」のである。何もかも分かってしまえば、この人生は「卒業した」ということになる。卒業すれば次の人生たる「あの世」という次生《じしょう》に生まれるだけだ。つまりこの肉体は死ぬのである。だから「分からぬ事」や「思わぬ出来事」にあうことを恐れてはならない。会社のリストラにあったとしても、次にやるべき仕事は、さらに一層人びとに大切な人生の要点を教えてくれるものである。

このようにして人はみな結局は「すでに全てが与えられずみの神の子・人間だ」ということを自覚するに到るのである。何と「ありがたいことばかり」であろうか。

＊輝子聖姉＝谷口雅春先生夫人。昭和六十三年、満九十二歳で昇天。

4　無限の能力がある

訓練の価値

人には〝無限力〟があるのだ。それは単に「肉体の力」というのではない。肉体は人間の「心」即ち「魂」の使う道具であるから、道具に無限力がある訳はないだろう。例えば自動車や船に無限力があるはずはなく、当然限定された速力や能力しか持っていないようなものである。

しかし本当の人間は「肉体」を超えた存在であり、生き通しのいのちそのものである。だからこのいのちの内在力を引き出せば、どのような力でも出てくるのであって、この実体を宗教的には「仏」とか「神の子」とかと呼ぶのである。このような力は、現実的には充分現されていない。それは現し出す訓練がまだ充分でないからである。この世に現存する人々は、みな〝訓練中の人々〟なのである。

そこでどうしても訓練とか練習とかということが必要であり、それによって次第に実力が向上し、有名な音楽家になったり、学者になったり、政治家になったり、剣道や柔道の達人となったりする。しかも上達するほど面白くなり、楽しくなるから、訓練は進んで喜んでやることがとても大切だ。例えば平成十四年一月三十一日の『産経新聞』には、次のような記事がのっていた。

『【ロンドン30日＝野口裕之】日本の海上自衛隊補給艦「とわだ」（約八千百トン）からアラビア海で二十九日午後（現地時間）、初めて燃料補給を受けた英海軍補給艦「フォート・ジョージ」（約三万二千トン）所属の英艦隊の担当少佐らは、産経新聞に補給作戦成功と自衛隊のレベルの高さを証言した。三十日はくしくも日英同盟締結百周年にあたる。

担当少佐は「全く問題なく、技術的に極めて円滑に実施できた。対テロ同盟を組む国家の海軍協力の大事な一歩」と明言した。自衛隊支援によりフォート・ジョージは、アフガニスタンのテロ勢力攻撃に向け周辺海域に展開中の他の英艦艇十三隻などへの燃料補給が可能となった。

英王立統合防衛研究所長、リチャード・コボルド退役海軍少将も「ロシアが西側の洋上補給技術の情報入手に血眼だったように、洋上補給は高い技術を要求される。成功は自衛隊の技術や練度、軍紀の高さを物語る」と称賛。「将来は日本の法改正により、日英が日本周辺で補給や対空ミサイル訓練を実施できれば理想的」と語った。

補給はテロ対策特別措置法に基づくもので、海上自衛隊では既にインド洋海域での米海軍への補給を継続的に実施している。』

捕虜の場合

このように一九〇二年には「日英同盟」が結ばれて、その同盟関係の継続した間は、日本の発展は大いに促進された。当時の英国は世界各地に資源と領地を持つ強力な海軍国だったからでもあるが、英国は米国とも歴史的に連結していたから、日本が英国と戦っているドイツに味方して日独伊三国同盟に加入したり、さらには米国と大東亜戦争（太平洋戦争）に突入することはありえなかったはずである。

しかし歴史は、日本政府が当時の陸軍側の意向に動かされて、大きく進路を変え、枢軸国となり、米英と戦争を開くに到ったのは衆知の如くである。しかしこの時でも、日本軍はその訓練の練度によって、海軍航空戦力では大いなる力を発揮した。陸軍でもその劣弱な兵器の欠点をカバーして力戦奮闘し、各地の孤島でも死を賭《と》して戦い、「玉砕戦法」や「特攻攻撃」で相手をかなり悩ましたものである。

けれども時の流れと共に次第に追い詰められ、太平洋やビルマの戦線などでは次々に拠点を奪われ、日本軍の中にも捕虜となる者も続出するようになってきた。しかしこれらの日本兵の捕虜は、自ら進んで投降した者はほとんどいなかった。全て意識を失ったり、不意をつかれて抵抗する間もなく捕えられたりした人達であった。何故なら、当時はきびしく「捕虜となるな、むしろ死を選べ」と教育されていたから、民間人でも集団自殺の道を選んだ人々が多かったのである。

しかしそれでもやむを得ず捕虜となる者も出てきた。すると、この捕虜たちは、捕虜となった時の訓練や知識は何一つ受けていなかったから、どうしてよいのか分からない。逃亡したり、自殺するくらいしか方法が見つからないが、それは米英軍によって固く禁じられていたから、ごく一部の者しかなし得なかった。

こうして彼らは、いまだかつて何一つ訓練されていない〝特殊な環境〟に置かれたのである。その結果どうなったかというと、各自が自分で判断して善処せざるを得なくなった。すると、最初のころは「でたらめな供述」をするのだが、次第に米英軍の捕虜の取り扱いが意外に紳士的であり、良い食事が与えられるし、かつて予想していたような拷問《ごうもん》や脅迫もないことに気がついた。

こうして相手が紳士的に出られると、こちらも紳士的にならざるを得ない。今まで〝食うや食わず〟ではなく、〝食わずや食わず〟でよろめきながら戦って来た陸軍兵士にとって、ホテル並みの食事や待遇が得られるのは、むしろ喜びであった。従って海軍兵や士官たちよりもむしろ正直に、問われる戦況や作戦方式に正しく回答したのである。つまり「ノー・コメント」で押し通すこともなく、自分の知る限りの情報を正直に伝えだしたのだ。

コトバの力

これはわが日本人の持っていた「正直さ」と「誠実さ」の現れでもあるが、大戦中の国民はそのように〝正直な人たち〟が多かったといえる。しかし現在は各所で「不正直」で、ウソ八百で犯罪を犯し、税金を騙《だま》し取る大企業家や、高級官僚、あるいは政治家なども続出するという、イヤな風潮が流れているのは、まことに残念な次第である。

そこで米軍では、日本兵の捕虜から詳しく情報を取り出すことを重視し、その情報が正確であることを知ると、日本語を理解する軍情報将校を多数戦場に送り出すことにした。それが可能であったのは、米軍は当初から日本語（敵性語）を学習するように奨励したからであるが、大学でも日本語学校が増設されたのだ。ところが日本は逆に「敵性語を使うな」と極力これを禁止し、野球用語でさえもストライクとかアウトを使わせず、変な漢字まじりの言葉を使わせた。スリッパでも上靴《じょうか》と言い、ゲートルは巻脚絆《まききゃはん》だ。「敵が憎けりゃ、袈裟《けさ》まで憎し」かも知れないが、こんな狭い心でいては、いざ戦いに勝った時、どうして米本国人と心を通わせうるのか。これは心中に、「勝てない！」という固定観念があったからに違いない。これに反して、米軍首脳には日本占領時の日本語の大切さを知っていて、これを日本兵からの情報収集にも利用し、その正確さに心を打たれ、日本語教育をさらに推進したのだった。

「コトバの力」ということはよく論じられているが、自国語のみに閉じこもっていては、自国内の知識や習慣しか身につかないものだ。外国に留学などした人は、かえって心が開けていて、外国のことがよく分かり、下らない排外心は消え去るものである。

さらに又日本兵は「日記」をつけることに習熟していた。これはそれ以外にあまり楽しみがなかったことにもよるが、「日本語は外国人には分からない」という固定観念に縛られていて、私事も軍事も細かく書いて残していた。識字率でも世界一だ。それらを米国の情報将校は集めて分析し、日本語のビラを作って空軍がバラ撒いたのである。

こうしていよいよ沖縄上陸戦となり、本土上陸が時間の問題となるのだが、本土では敵の爆撃に対してバケツリレーと竹やり戦術を教えるというとんでもない力の浪費をやり出し、憲兵や警察の力ばかりが表面に踊り出るようになったのであった。

こうして八月六日の原爆投下と、八月八日のソ連の条約無視の宣戦布告に及ぶのだが、これは条約としての「コトバの力」がソ連という共産主義国には通用しなかったという実証であった。何故なら、共産主義イデオロギーのコトバの方が、彼らに有利に働いたからである。彼らにとって条約というコトバは「破るためにある」とさえ思われていた。独ソ戦もこうして戦われ、日本は「日英同盟」破棄の重大性を、まだよく認識していなかったということである。

ところが米軍が日本に上陸して、マッカーサー司令官の支配下に入ると、彼らは忽《たちま》ち日本兵捕虜の心理変化を学び取り、日本国民に食料を与え、彼らに「自由」と「平等」のアメリカの理念を（形だけでも）伝えようとした。そして占領軍にはその豊かな補給によって、飢えた日本国民の心をやわらげ、さらに協力させることを実行に移したのである。

これは正当な学習とその応用の好例であった。訓練されていない人や国には、その能力がいかに豊かにあっても、それを活用することができない。しかし正しく訓練をほどこし、練習を積んだ人々や国家には、内在力が顕在してくるという一例でもある。

不敗の軍隊？

かつての大戦で日本人の戦時捕虜数は、約二十万八千と言われ、アメリカ合衆国の捕虜数は四十七万七千人、イギリス兵のそれは約百八十一万一千人であったと言われている。しかし日本兵の捕虜くらい、戦後の国内生活に影響を与えたものはいないのではないだろうか。それは日本人の持つ（持っていた）正直さと誠実さの結果であると言う外はない。たしかに昭和十六年に出された「戦陣訓」には、捕虜の辱《はずかし》めを受けるより、死を選べということが書かれていた。当時の東条陸軍大臣が、全陸軍将兵に与えたもので、戦時中私も兵舎で読まされたことがあった。しかも当時の日本軍は「不敗の軍隊」であるからとして、降伏についての訓練は皆無だった。

しかし日本軍は遂に敗れ去った。そしてマッカーサー占領軍は、日本兵の降伏時の態度を参考にして日本国内の行政を行ったが、これには天皇陛下の土地・財産、そして生命までも投げ出されての「食糧の援助」のご要望があったからである。このような天皇陛下の〝捨身行《しやしんぎよう》〟は、愛の最《さい》たるもので、マッカーサーをいたく感動させたのであり、これは前述した如くである。こうして昭和二十一年元旦には、次のような詔書をお下しになった。

『年頭、國運振興の詔書

茲《ここ》ニ新年《しんねん》ヲ迎《むか》フ。顧《かへり》ミレバ明治天皇《めいぢてんわう》明治《めいぢ》ノ初《はじめ》國是《こくぜ》トシテ五箇條《ごかでう》ノ御誓文《ごせいもん》ヲ下《くだ》シ給《たま》ヘリ。
曰《いは》ク、

一、廣《ひろ》ク會議《くわいぎ》ヲ興《おこ》シ萬機《ばんき》公論《こうろん》ニ決《けつ》スヘシ

一、上下《しやうか》心《こころ》ヲ一《いつ》ニシテ盛《さかん》ニ經綸《けいりん》ヲ行《おこな》フヘシ

一、官武《くわんぶ》一途《いつと》庶民《しよみん》ニ至《いた》ル迄《まで》各《おのおの》其《その》志《こころざし》ヲ遂《と》ケ人心《じんしん》ヲシテ倦《う》マサラシメンコトヲ要《えう》ス

一、舊來《きうらい》ノ陋習《ろうしふ》ヲ破《やぶ》リ天地《てんち》ノ公道《こうだう》ニ基《もとづ》クヘシ

一、智識《ちしき》ヲ世界《せかい》ニ求《もと》メ大《おほい》ニ皇基《くわうき》ヲ振起《しんき》スヘシ

叡旨《えいし》公明正大《こうめいせいだい》、又何《またなに》ヲカ加《くは》ヘン。朕《ちん》ハ茲《ここ》ニ誓《ちかひ》ヲ新《あらた》ニシテ國運《こくうん》ヲ開《ひら》カント欲《ほっ》ス。須《すべか》ラク此《こ》ノ御趣旨《ごしゆし》ニ則《のつと》リ、舊來《きうらい》ノ陋習《ろうしふ》ヲ去《さ》リ、民意《みんい》ヲ暢達《ちやうたつ》シ、官民《くわんみん》擧《あ》ゲテ平和主義《へいわしゆぎ》ニ徹《てつ》シ、敎養《けうやう》豐《ゆた》カニ文化《ぶんくわ》ヲ築《きづ》キ、以《もつ》テ民生《みんせい》ノ向上《かうじやう》ヲ圖《はか》リ、新日本《しんにつぽん》ヲ建設《けんせつ》スベシ。

大小都市《だいせうとし》ノ蒙《かうむ》リタル戰禍《せんくわ》、罹災者《りさいしや》ノ艱苦《かんく》、産業《さんげふ》ノ停頓《ていとん》、食糧《しよくりやう》ノ不足《ふそく》、失業者増加《しつげふしやぞうか》ノ趨勢《すうせい》

等《とう》ハ眞《しん》ニ心《こころ》ヲ痛《いた》マシムルモノアリ。然《しか》リト雖《いへど》モ、我國民《わがこくみん》ガ現在《げんざい》ノ試煉《しれん》ニ直面《ちよくめん》シ、且徹頭《かつてつとう》徹尾文明《てつびぶんめい》ヲ平和《へいわ》ニ求《もと》ムルノ決意固《けついかた》ク、克《よ》ク其《そ》ノ結束《けつそく》ヲ全《まつた》ウセバ、獨《ひと》リ我國《わがくに》ノミナラズ全人《ぜんじん》類《るゐ》ノ爲《ため》ニ、輝《かがや》カシキ前途《ぜんと》ノ展開《てんかい》セラルルコトヲ疑《うたが》ハズ。(中略)

然《しか》レドモ朕《ちん》ハ爾等國民《なんぢらこくみん》ト共《とも》ニ在《あ》リ、常《つね》ニ利害《りがい》ヲ同《おな》ジウシ休戚《きうせき》ヲ分《わか》タント欲《ほつ》ス。朕《ちん》ト爾等國《なんぢらこく》民《みん》トノ間《あひだ》ノ紐帯《ちうたい》ハ、終始相互《しゆうしさうご》ノ信頼《しんらい》ト敬愛《けいあい》トニ依《よ》リテ結《むす》バレ、單《たん》ナル神話《しんわ》ト傳説《でんせつ》トニ依《よ》リテ生《しやう》ゼルモノニ非《あら》ズ。天皇《てんわう》ヲ以《もつ》テ現御神《あきつみかみ》トシ、且日本國民《かつにつぽんこくみん》ヲ以《もつ》テ他《た》ノ民族《みんぞく》ニ優越《いうゑつ》セル民族《みんぞく》ニシテ、延《ひい》テ世界《せかい》ヲ支配《しはい》スベキ運命《うんめい》ヲ有《いう》ストノ架空《かくう》ナル觀念《くわんねん》ニ基《もとづ》クモノニ非《あら》ズ。

朕《ちん》ノ政府《せいふ》ハ國民《こくみん》ノ試煉《しれん》ト苦難《くなん》トヲ緩和《くわんわ》センガ爲《ため》、アラユル施策《しさく》ト經營《けいえい》トニ萬全《ばんぜん》ノ方途《はうと》ヲ講《かう》ズベシ。同時《どうじ》ニ朕《ちん》ハ我國民《わがこくみん》ガ時艱《じかん》ニ蹶起《けつき》シ、當面《たうめん》ノ困苦克服《こんくこくふく》ノ爲《ため》ニ、又産業及文運振興《またさんげふおよびぶんうんしんこう》ノ爲《ため》ニ勇往《ゆうわう》センコトヲ希念《きねん》ス。我國民《わがこくみん》ガ其《そ》ノ公民生活《こうみんせいかつ》ニ於《おい》テ團結《だんけつ》シ、相倚《あひよ》リ相扶《あひたす》ケ、寛容相《くわんようあひ》許《ゆる》スノ氣風《きふう》ヲ作興《さくこう》スルニ於《おい》テハ、能《よ》ク我至高《わがしかう》ノ傳統《でんとう》ニ恥《は》ヂザル眞價《しんか》ヲ發揮《はつき》スルニ至《いた》ラン。斯《かく》ノ如《ごと》キハ實《じつ》ニ我國民《わがこくみん》ガ人類《じんるゐ》ノ福祉《ふくし》ト向上《かうじやう》トノ爲《ため》、絶大《ぜつだい》ナル貢獻《こうけん》ヲ爲《な》ス所以《ゆゑん》ナルヲ疑《うたが》ハザルナリ。

一年《いちねん》ノ計《けい》ハ年頭《ねんとう》ニ在《あ》リ、朕《ちん》ハ朕《ちん》ノ信頼《しんらい》スル國民《こくみん》ガ朕《ちん》ト其《そ》ノ心《こころ》ヲ一《いつ》ニシテ、自《みづか》ラ奮《ふる》ヒ、自《みづか》ラ勵《はげ》マシ、以《もつ》テ此《こ》ノ大業《たいげふ》ヲ成就《じやうじゆ》センコトヲ庶幾《こひねが》フ。』

未知の体験

空前絶後のはげしい空爆によって、焼け野が原の如く変態した大小の都市も、このような愛と熱情のこもった「お言葉」の力により、次第に復興して、現在のような物資豊かな時代を迎えることができた。これはひとえに上下心を合せた仕事熱心と家族愛、同胞愛、それに諸外国からの援助等によって成就したものである。その事実をもってしても、戦の敗北は、国家の死滅でもなく、〝一億玉砕〟の成果によるものでもない。内在無限力を、力一杯わき上がらせて、ゼイタクや我儘《わがまま》を圧《お》さえ、夫々の日常生活の任務を果したからである。

こうして吾々は物的復興という大事業を達成することができた。この体験は実に偉大であるということができる。今でこそ、何が足らぬ、あれが不足だ、株が下がったの、預金が減ったなどと不足を言うが、かつての戦時及び戦後の物資不足の時代から見ると、月とスッポンの違いだ。従って必ずや今の〝経済苦境〟と称する困難は何年かのうちに克服するに違いない。その訓練が行われていたからである。しかしまだ経験したことのない困難の姿も現れて来ている。それは「少子化現象」という困った現象で、古来日本人は、一人や一・三九人、一・四人などという半端な子持ちだったことは一回もない。

ところが今や予想を上回るほど合計特殊出生率が、平成九年時の一・六一人から、一・三九人へと大幅に下方修正された。つまりざっというと一人の女性が一生で一・三九人しか子供を生まないという現象である。これはいまだ未経験の現実であり、こうなると高齢者を支える人が三・八人から一・四人に減る。すると二〇五〇年の高齢化率は現在の二倍以上の三五・七％に上昇する見通しだ。つまり国の力強さが欠落して、防御しにくい、たよりない国家となり、世界歴史の中で「その他大勢」国の仲間入りをすることになるだろう。

その他大勢でも悪くはない。しかし現在の世情は、ウソ、イツワリ、ダマシ合いなどの悪現象が増大しつつある。これすべて人々が自己の利益や安楽・快楽のみを追求し、公に奉仕したり、国のために力をつくすという公共的な愛の生活を見失って来ているからであり、その根本は「神の子・人間」「われは神の子・仏の子」なる純粋無垢《むく》の心情を失いつつあるからだと言わなければならない。

この世の中は、「与えよ、さらば与えられん」の愛の法則が、天地を貫いて実在していることを、ぜひ多くの人々が知らなければならない極めて重大なときなのである。

いのちが悦ぶ生活〔完〕

いのちが悦《よろこ》ぶ生活《せいかつ》

平成十五年十一月二十二日　初版発行

著　者　谷口清超（たにぐち せいちょう）

発行者　岸　重人

発行所　株式会社　日本教文社

東京都港区赤坂九—六—四四　〒一〇七—八六七四

電話　〇三（三四〇一）九一一一（代表）

〇三（三四〇一）九一一四（編集）

ＦＡＸ〇三（三四〇一）九一一八（編集）

〇三（三四〇一）九一三九（営業）

頒布所　財団法人　世界聖典普及協会

東京都港区赤坂九—六—三三　〒一〇七—八六九一

電話　〇三（三四〇三）一五〇一（代表）

振替　〇〇一一〇—七—一二〇五四九

組版　レディバード

印刷・製本　光明社

落丁・乱丁はお取り替え致します。

定価はカバーに表示してあります。

ISBN4-531-05233-1

本書の本文用紙は、地球環境に優しい「無塩素漂白パルプ」を使用しています。